CW00797226

Ferrari

LORENZO ARDIZIO

TECTUM
PUBLISHERS

# Ferrari

Texte / *Texts*: Lorenzo Ardizio
English Translation:  Julian Thomas
*Traduction Française*: Carole Touati
Direction artistique & mise en page / *Art & layout*: www.grafichevincent.it
Photographies / *Photographs*: Actualfoto (Couvertur / *Cover*: Shutterstock images)

Édition en français-anglais / *French-English edition* :
© 2011 Tectum Publishers
Godefriduskaai 22
2000 Antwerp
Belgium
info@tectum.be
+ 32 3 226 66 73
www.tectum.be

ISBN: 978-90-79761-53-1
WD: 2010/9021/27 (116)

Édition originale / *Original edition* :
© Edizioni GRIBAUDO srl
Via Natale Battaglia, 12 - Milano
e-mail: info@gribaudo.it
www.edizionigribaudo.it

Impression / *Printed in* : China

# SOMMAIRE INDEX

# SOMMAIRE INDEX

# ENZO FERRARI

## PILOTE DE COURSE, CONCESSIONNAIRE, CONSTRUCTEUR AUTOMOBILE

Racing-driver, dealer, car maker

« Chez Alfa, je n'étais pas un simple pilote de course. Je fus très vite pris par un désir quasi-pathologique d'accomplir quelque chose pour l'automobile, que j'aimais avec tant de passion. Ainsi, même si ma carrière de pilote m'offrait la possibilité de poursuivre dans cette voie, je me suis consacré à des horizons plus vastes et plus ambitieux ».

Ces mots d'Enzo Ferrari résument la carrière de l'homme que l'on connaissait comme le *Drake* (en Italie) ou *il Commendatore* et le sol sur lequel la légende de Ferrari a planté ses racines. Ce sont avant tout trois éléments qui ont toujours distingué la marque et la production du constructeur au cheval cabré : l'homme, la course et l'entreprise.

«In Alfa I wasn't just a racing-driver. I was soon overwhelmed by an almost pathological desire to do something for the automobile, the thing that I loved with such great passion. And so, even though my racing-driver career gave me the possibilities to continue with this activity, I devoted myself to wider, more ambitious horizons.»

These words from Enzo Ferrari sum up the caree of the man who would be known as *Drake* (in Italy) or *il Commendatore*, and also the fertile ground in which the Ferrari legend planted its roots. But above all there were three elements that have always distinguished the brand and the production of the Prancing Horse manufacturer: the man, racing and the firm.

Enzo Ferrari encourage Carlo Pintacuda, le vainqueur des Mille Miglia de 1935 au volant d'une Alfa Romeo Tipo B de la Scuderia.

Enzo Ferrari urges on Carlo Pintacuda, the winner of the 1935 Mille Miglia with an Alfa Romeo Tipo B of the 'Scuderia'.

Ces trois éléments sont inséparables. Ferrari ne peut exister sans la course. Apparemment, la production de voitures routières a toujours été le moyen d'accumuler le capital nécessaire pour la course, ou – ce qui est moins romantique – c'est la course qui attirait l'attention du public et permettait de réaliser encore plus de profits avec les modèles GT de Ferrari. Mais tout ceci n'est que supposition puisque la vérité se cache dans l'esprit insondable, l'âme inquiète et le charisme extraordinaire de l'homme que l'on nomme Enzo Ferrari.

Revenons un peu en arrière : Enzo Anselmo Ferrari est né à Modène le 18 février 1898. Son père avait un petit atelier de ferronnerie, ce qui lui permit de grandir à l'abri du besoin. Il rêvait de devenir chanteur d'opéra, journaliste sportif et même pilote de course. Ces rêves se brisèrent en 1915 quand son père mourut de la grippe et qu'Enzo fut contraint d'abandonner l'école et de chercher du travail.

These three elements are inseparable. Ferrari cannot exist outside of racing. It is thought that road-car production has always been a way of accumulating the capital required to go racing, or – maybe less romantically – that it was racing that helped to publicize and make even more profits for Ferrari's GT models. This is merely guesswork however as the truth only lies inside the inaccessible mind, the troubled soul and the extraordinary charisma of the man who went by the name of Enzo Ferrari.

Let's take one step backwards: Enzo Anselmo Ferrari was born in Modena on February 18, 1898; his father had a small metalworking shop, which enabled him to grow up relatively well-off, and he had dreams of one day becoming an opera singer, a sports journalist or even a racing-driver. These dreams were interrupted in 1915 when his father died in a flu outbreak and he had to abandon school and look for a job.

« Chez Alfa, je n'étais pas un simple pilote de course »

«In Alfa I wasn't just a racing-driver»

{ Enzo Ferrari }

Après la Première guerre mondiale, pendant laquelle il servit l'armée italienne en tant que maréchal-ferrant, il tenta sa chance chez Fiat. Les larmes du jeune Enzo Ferrari assis sur un banc du parc Valentino après le refus de l'entreprise de l'embaucher sont bien connues et documentées. Mais Ferrari resta à Turin, rencontra les bonnes personnes et devint coureur automobile pour CMN, puis indépendant et rejoignit finalement Alfa Romeo comme pilote tout en devenant concessionnaire pour Emilia-Romagna et Marche.

Le 1er décembre 1929, Ferrari fonda la Società Anonima Scuderia Ferrari avec son argent et celui d'investisseurs privés afin de lancer les ventes. Son intention était de prendre part à la compétition en faisant appel à des pilotes expérimentés qui conduiraient des Alfa Romeo et des motos Rudge et Norton.

After World War I, in which he served in the Italian Army as a mule-shoer, he tried his luck at Fiat. The tears of a young Enzo Ferrari sitting on a Parco Valentino bench after being refused by the company are a well-known and documented fact. But Ferrari remained in Turin, got to know the right people and became a racing-driver for CMN, then he branched out on his own before joining Alfa Romeo behind the wheel as well as becoming car dealer for Emilia-Romagna and the Marche.

On December 1, 1929, Ferrari founded Società Anonima Scuderia Ferrari with his own money and that of private investors in order to boost sales. His intention was to take part in racing with expert drivers in Alfa Romeo cars and with riders on Rudge and Norton bikes.

L'Auto Avio Costruzioni 815, première voiture construite par Enzo Ferrari, qui ne portait pas encore son nom.

The Auto Avio Costruzioni 815, the first car built by Enzo Ferrari, which did not yet bear his name.

Le tournant se produisit en 1933. Alfa Romeo, qui avait été placée sous le contrôle de l'État via l'IRI (Institut italien de reconstruction industrielle), traversait une période de restructuration majeure ; la course était une distraction et le directeur général Ugo Gobbato décida de déléguer la gestion de toutes les activités liées à la compétition à la Scuderia Ferrari. Enzo fut donc nommé consultant pour toutes les activités sportives et commerciales d'Alfa. À Modène, l'équipe jouissait d'une autonomie considérable et ce qui était sensé n'être au départ qu'une simple assistance technique se transforma rapidement en une tâche de recherche et de développement automobile. Une série d'accords s'ensuivirent et, en 1936, la Scuderia devint la division de course à part entière d'Alfa Romeo.

The turning-point came in 1933. Alfa Romeo, which had been put under state control through IRI, was in a major restructuring phase; racing was a distraction and General Manager Ugo Gobbato decided to delegate the management of all racing activity to Scuderia Ferrari, so Enzo was appointed consultant for all Alfa's sporting and commercial activities.

In Modena the team had considerable autonomy and what at first was only to have been technical assistance soon turned into car development and research. A series of agreements followed and in 1936 the Scuderia became the fully-fledged racing division of Alfa Romeo.

L'emblème du cheval cabré fut légué à Ferrari par la mère de Francesco Baracca, as de l'aviation italienne durant la première guerre mondiale.

The Prancing Horse symbol was donated to Ferrari by the mother of Francesco Baracca, an Italian First World War flying ace.

Ce fut la période de la 6C 1750, de la 8C 2300 et de la légendaire Tipo B, les années de Nuvolari, Varzi, Campari, Caracciola et Moll. Cette période s'étendit jusqu'en 1938, date à laquelle Alfa Romeo changea de direction : l'entreprise fut rachetée et démantelée. Le personnel et les équipements furent transférés à Il Portello, et l'entreprise baptisée Alfa Corse. Ferrari était le directeur sportif, mais sa perte d'autorité et les mauvaises relations qu'il entretenait avec son supérieur, Wifredo Ricart, le conduisirent à quitter Alfa en 1939.

This was the period of the 6C 1750, the 8C 2300 and the legendary Tipo B, the years of Nuvolari, Varzi, Campari, Caracciola and Moll. It lasted until 1938, when Alfa Romeo changed course: the company was bought and disbanded. Men and equipment were moved to il Portello, with the name Alfa Corse. Ferrari was sporting director, but the loss of authority and bad relations with his superior, Wifredo Ricart, led him to leave Alfa in 1939.

La société de Ferrari se mit à produire des outils et du matériel de guerre, mais une clause du contrat passé avec Alfa Romeo l'empêchait de concevoir et de prendre part à la compétition automobile pendant quatre ans. Coup de chance en 1940, Alberto Ascari et Lotario Alfonso Rangoni Machiavelli vinrent frapper à la porte de Ferrari et lui demandèrent de construire deux voitures pour participer à la course des Mille Miglia. La tentation était trop forte et la société Auto Avio Costruzioni fut montée dans les anciens locaux de la Scuderia Ferrari.

Deux moteurs huit cylindres en ligne, conçus par Alberto Massimino, furent construits à partir de composants Fiat. La voiture était dotée d'une carrosserie Touring et fut baptisée 815. Elle connut des débuts prometteurs sur circuit, mais les nuages noirs de la Seconde guerre mondiale forcèrent une fois encore Ferrari à abandonner le monde de l'automobile, du moins, pour un temps.

Ferrari's firm was now producing tools and war materials, but a contract clause with Alfa Romeo restricted him from designing or racing for four years. A lucky break came in 1940, when Alberto Ascari and Lotario Alfonso Rangoni Machiavelli knocked on Ferrari's door asking him to build two cars to take part in the Mille Miglia. The temptation was too great and the Auto Avio Costruzioni firm was set up in the former Scuderia Ferrari buildings.

Two straight eight-cylinder engines, designed by Alberto Massimino, were built, using Fiat components. The car had a Touring body and went by the name of 815. A promising debut on the race track was to follow, but the dark clouds of World War II forced Ferrari once again to abandon the automobile world, at least for the time being.

La couverture de la publication
« La Scuderia Ferrari », illustrant
les cinq « as » de l'équipe.
Au milieu, Tazio Nuvolari.

The title page of the publication
"La Scuderia Ferrari", illustrating the team's
five 'aces'. In the middle, Tazio Nuvolari.

# 125 S

## UNE LÉGENDE EST NÉE

The legend is born

La Ferrari 125 S, première voiture à porter le nom du Commendatore sur son capot.

The Ferrari 125 S, the first car to bear the Prancing Horse manufacturer's name.

Les lois de décentralisation industrielle en vigueur pendant la Seconde guerre mondiale avaient conduit Ferrari à transférer toutes ses activités en province, dans une petite ville dont le nom allait ensuite résonner dans le monde entier : Maranello.

La forte demande en matériel destiné à l'effort de guerre permit à l'entreprise de survivre en dépit des raids de bombardement alliés. Cependant, le besoin de perspective future et une passion débordante conduisirent Enzo Ferrari à monter un petit bureau d'études pour la conception de voitures de course et de Gran Turismo GT. Ce n'était rien qu'une idée mais à l'été 1945, le designer Gioacchino Colombo, qui avait déjà travaillé avec Ferrari pendant les années Alfa Romeo, vint à Maranello. Colombo était le créateur de la 158 Alfetta qui allait dominer quelques années plus tard les deux premières éditions du tout récent championnat du monde de Formule 1.

The laws on industrial decentralization in force during World War II had led Ferrari to move all his activity to the 'provinces', to a small town whose name would become famous throughout the world: Maranello.

The strong demand for materials destined for the war effort allowed the firm to survive despite the Allied bombing raids, but a need to look to the future and an overwhelming passion convinced Enzo Ferrari to set up a small engineering department for the design of racing and Gran Turismo GT cars.

It was little more than an idea, but in the summer of 1945 the designer Gioacchino Colombo, who had already worked with Ferrari during the Alfa Romeo days, came to Maranello. Colombo was the designer of the 158 Alfetta that a few years later dominated the first two editions of the newly-created Formula 1 world championship.

Ils se mirent immédiatement au travail : d'une feuille blanche naquit la première Ferrari qui serait un engin à 12 cylindres. Ce design de moteur particulier, qui avait beaucoup plu à Ferrari sur la Packard Twin-Six américaine puis sur l'Alfa Tipo C de 1936, avait également le mérite d'être radicalement différent du quatre cylindres de Maserati, de la 6C ERA ou encore de l'éternel moteur à huit cylindres en ligne d'Alfa Romeo.

They immediately got down to work on a blank sheet of paper: the first Ferrari would be a twelve-cylinder machine. This particular engine layout, which had enthused Ferrari on the American Packard Twin-Six and then the 1936 Alfa Tipo C, also had the merit of being radically different from the four-cylinder Maseratis, the 6C ERA or the eternal straight-eight Alfa Romeo. Colombo didn't waste any time and the engine soon took shape. At the same time Gilco company got busy with the tubular steel frame chassis.

PAGE PRÉCÉDENTE L'entrée de Ferrari à Maranello.
À DROITE Le moteur V12 180° n'a pas de rival dans les années 1970.

PREVIOUS PAGE The Ferrari entrance at Maranello.
RIGHT The 180° V12 engine had no rivals in the 1970s.

Colombo ne perdait pas de temps ; le moteur prenait forme rapidement. Pendant ce temps, Gilco s'occupait du châssis métallique tubulaire. Le 12 mars 1947, le silence des rues de Maranello fut brisé par un son métallique et perçant : Enzo Ferrari, 48 ans, testait sa propre création – la première à porter son nom – qui n'avait pas encore de carrosserie. Ses débuts furent quelque peu perturbateurs mais les habitants du quartier finirent par s'habituer à ce bruit, toujours d'actualité d'ailleurs.

La 125S était dotée d'un moteur 12 cylindres en V en alliage d'aluminium 1,5 litre, avec double arbre à cames en tête et un angle de 60°. Sa puissance au frein atteignait 118 ch à 700 t/min, suffisamment pour propulser les 750 kg de la voiture à 170 km/h. La carrosserie en aluminium était l'œuvre de Guiseppe Peiretti.

La 125S fit ses débuts au Circuit de Plaisance, pilotée par Franco Cortese et ne finit pas la course par deux fois. Cependant, quelques semaines plus tard, Cortese remporta le Grand Prix de Rome au circuit de Caracalla ; ce fut première d'une longue série de victoires.

On March 12, 1947 the silent streets of Maranello were pervaded by a piercing metallic sound, which was when the 48-year-old Enzo Ferrari started to test his own creation – the first to bear his name – without any bodywork. Its debut caused quite a stir, but the residents of the area would soon get used to that sound, which still remains a constant today.

The 125S was powered by a 1.5 litre V12 aluminium alloy engine, with a dual overhead camshaft design and a 60° bank angle. Maximum power output was 118 bhp at 7,000 rpm, enough to power the 750 kg car to a top speed of 170 Km/h. The aluminium body was designed by Giuseppe Peiretti.

The 125S debuted at the Circuito di Piacenza, driven by Franco Cortese and twice failed to finish, but a couple of weeks later Cortese won the Grand Prix of Rome at the Caracalla circuit, the first in a long series of victories.

La position de conduite de la 212 Inter était sportive mais pas du tout rudimentaire.

The driving position of the 212 Inter was sporting but certainly not basic.

La dénomination 125, indiquait la taille de chaque cylindre, et devint traditionnelle chez Ferrari. La deuxième voiture de l'écurie Ferrari, la 166 Inter avait une cylindrée de 1995 cc. Introduite en version spider et berlinetta (toutes deux Touring Superleggera) au Salon de l'automobile de Turin en 1948, c'était une véritable GT qui rencontra un succès international plutôt encourageant, avec une production totale de 36 exemplaires.

La 212 Inter, première Ferrari à franchir la barrière symbolique des 200 km/h, s'en tira encore mieux. C'était en outre l'une des dernières voitures à être vendue comme châssis pour des constructeurs automobiles externes : après le fameux déjeuner d'affaires pris à Tortona au printemps 1952, le constructeur au cheval cabré décida d'associer son nom presque exclusivement au concepteur Battista Farina, plus connu sous le nom de « Pinin ».

Au début des années 50, les victoires en compétition s'accumulaient dans toutes les catégories et les voitures routières de Ferrari devinrent des signes de prestige. Une légende était née.


The 125 name type, as would become tradition for Ferrari, indicated the size of each cylinder. The second car from the Ferrari manufacturer, the 166 Inter, therefore had a cylinder displacement of 1995 cc. Introduced in spider and berlinetta versions (both Touring Superleggera) at the 1948 Turin Motor Show, it was a true GT car that had an encouraging international success, with 36 cars produced. The 212 Inter, the first Ferrari to break through the symbolic 200 Km/h barrier, fared even better. It was also one of the last cars to be sold as a chassis for external coach-building firms: after a famous working breakfast at Tortona in the spring of 1952, the Prancing Horse manufacturer decided to link its name almost exclusively with that of the designer Battista Farina, better known as Pinin.

In the early 1950s racing wins in all categories were coming thick and fast and Ferrari's road cars had become status symbols. The legend was born.


La 212 Inter à carrosserie Vignale marqua l'entrée de Ferrari sur le marché des voitures de luxe.

The Vignale-bodied 212 Inter marked Ferrari's entry into the luxury car market.

# 340 &
# SUPERFAST

## LA DÉCOUVERTE
## DE L'AMÉRIQUE

The discovery
of America

Même si le nouveau championnat mondial de Formule 1, créé en 1950, était monopolisé par Alfa Romeo, Ferrari s'imposait dans la catégorie des voitures de sport. Le succès que connaissaient les GT de Ferrari au niveau des ventes et du prestige redoublait grâce, entre autres, aux liens viscéraux existant entre la course et les voitures mises sur le marché - concept « marketing » fondamental pour *il Commendatore*.

Aristocrates, industriels, membres de la royauté, gens riches de toute l'Europe, mais aussi acteurs et chanteurs, étaient tous liés à Ferrari et l'attrait pour la marque au cheval cabré ne connaissait pas de limites. Enzo Ferrari se mit donc en tête de conquérir l'Amérique, avec l'aide et le soutien de l'ancien coureur automobile Luigi Chinetti, qui se faisait une nouvelle jeunesse en tant que mécanicien, chef d'équipe et importateur aux États-Unis.

La Ferrari 340 America avec sa carrosserie Touring en alliage d'aluminium.

A Ferrari 340 America with its aluminium alloy Touring body.

Even though the new Formula 1 World Championship, introduced in 1950, was monopolized by Alfa Romeo, Ferrari dominated in the sports car category. Ferrari's GT cars were continuing to have widespread commercial success, due also to the link between racing and production, an early 'marketing' ploy adopted by *il Commendatore*.

Aristocrats, industrialists, royal families and the rich and wealthy from all over Europe, as well as actors and singers, were all associated with Ferrari and the Prancing Horse brand's appeal knew no boundaries. Enzo Ferrari therefore decided to conquer America, with the help and support of former racing-driver Luigi Chinetti, who was taking on a new lease of life as a mechanic, team manager and US importer.

L'adaptation de la cylindrée et de la taille des voitures à la demande du marché américain fut confiée à Aurelio Lampredi, qui créa trois séries d'automobiles : la 340, la 342 et la 375, toutes baptisées « America ». La cylindrée variait entre 4,0 et 4,5 litres et la puissance au frein de la dernière série de 1953, franchit la barrière des 300 chevaux.

The task of updating the displacement and size of the cars to the demands of the new market was given to Aurelio Lampredi, who created three series of cars: the 340, the 342 and the 375, all called "America". The cylinder size varied between 4.0 and 4.5 litres and the power output, for the last series in 1953, broke through the 300 bhp barrier.

PAGE PRÉCÉDENTE Les « ailettes » caractéristiques de la 410 Superamerica.
À DROITE Alberto Ascari et Nino Farina durant la saison 1952.

PREVIOUS PAGE The unmistakable 'fins' of the 410 Superamerica.
RIGHT Alberto Ascari and Nino Farina during the 1952 season.

La voie était désormais toute tracée et l'étape suivante débuta en 1956, avec l'introduction de la somptueuse 410 Superamerica, incroyablement véloce, qui était également proposée dans une version décapotable des plus élégantes, conçue par le pilier de Ferrari, Pinin Farina. Le V12 5,0 litres développait 340 chevaux, suffisamment pour dépasser les 260 km/h.

C'était un cercle vicieux : les prix astronomiques des GT italiennes ne dissuadaient en rien la longue liste de clients millionnaires américains et les photos sur papier glacé des acteurs et des entrepreneurs dans les magazines européens ne faisaient qu'accroître le prestige de la marque.

La 400 Superamerica fut présentée à l'occasion du Salon de l'automobile de Bruxelles en 1960 : sa puissance égalait celle du modèle antérieur mais cette fois-ci avec un moteur V12 plus petit de 4,0 litres.

La 410 Superamerica, puissante et luxueuse, fut construite avec un œil sur les millionnaires américains.

The powerful and luxurious 410 Superamerica was built with one eye on the American millionaire.

The road ahead was now clear and the next step was dated 1956, with the introduction of the sumptuous and extraordinarily fast 410 Superamerica, which was also available in an elegant open-top version designed by Pinin Farina; the 5.0 litre V12 engine produced 340 bhp, good enough for a top speed of over 260 Km/h.

It was now becoming a vicious circle: the astronomical price of the Italian GT cars did nothing to discourage the vast clientele of American millionaires and the glossy images of actors and entrepreneurs in the pages of European magazines only helped to increase the prestige of the brand.

The 1960 Brussels Motor Show saw the presentation of the 400 Superamerica: it produced as much power as its predecessor, but this time from a smaller 4.0 litre V12 unit. For the first time ever the Pininfarina logo appeared on the side, the unification of the designer's name having been authorized by the President of the Republic himself, while Connolly leather was predominant on the extraordinarily comfortable inside.

Pour la première fois de l'histoire, le logo Pininfarina était apposé sur l'aile de la voiture, l'unification du nom du concepteur ayant été autorisée par le président de la République en personne. Quant à l'habitacle incroyablement confortable, il était habillé de cuir Connolly. La 500 Superfast fit son entrée en 1964. En Italie, son prix était exorbitant : € 6.000, ce qui équivalait à vingt-quatre Fiat 500D, mais sa vitesse de pointe de 280 km/h et son style intemporel suffisaient à satisfaire les poches des 36 chanceux qui en firent l'acquisition.

Tom Tjaarda était responsable de la 365 GT California, équipée d'un moteur 4,4 litres 320 chevaux. Son style était inhabituel et plutôt moderne, tout en respectant le design créé par Battista Farina, qui mourut tout juste un mois après son lancement au Salon de l'automobile de Genève.

The 500 Superfast followed suit in 1964. In Italy the car had an exorbitant price tag of € 6.000, enough to purchase twenty-four Fiat 500D cars, but a top speed of 280 Km/h and a timeless style were more than enough to satisfy the pockets of the 36 lucky individuals who actually bought it.

Tom Tjaarda was instead responsible for the 365 GT California, which was fitted with a 4.4 litre 320 bhp engine. Its style was unusual and modern-looking, but at the same time perfectly in line with the design created by Battista Farina, who was to pass away just one month after it was launched at the Geneva Motor Show.

L'intérêt pour le marché américain a continué avec la 500 Superfast (EN HAUT) et la 365 GT California (EN BAS).

Interest in the US market continued with the 500 Superfast (TOP) and the 365 GT California (BOTTOM).

# 250

## LA LÉGENDAIRE

The legend

1956 fut une année intense pour Enzo Ferrari. La victoire de Fangio lors du championnat du monde de Formule 1 et le triomphe de Castellotti aux Mille Miglia ne suffirent point à atténuer la souffrance causée par la mort de son fils préféré, le malheureux Dino, qui succomba à une dystrophie musculaire à l'âge de 24 ans. Sa perte entraîna *il Commendatore*, qui se rendait chaque matin sur sa tombe, dans une profonde dépression.

Mais 1956 fut également l'année du succès ultime de la 250 GT, ou mieux encore du la 250 GT Tour de France, qui tira son nom de la victoire de la 259 GT Competizione lors de la course automobile de 10 jours (non pas de la compétition cycliste du même nom). Elle ne devint pas uniquement un véritable signe de prestige mais le porte-drapeau d'une famille de voitures qui était désormais une légende.

1956 was an intense year for Enzo Ferrari. However Fangio's victory in the Formula 1 World Championship and Castellotti's triumph in the Mille Miglia were not enough to mitigate the grief caused by the death of his favourite son, the unfortunate Dino, who died of muscular dystrophy at the age of 24. His death caused long-lasting grief for *il Commendatore* and every morning from then on he would pay a visit to his grave.

But 1956 was also the year of definitive success for the 250 GT, or better still the 250 GT Tour de France, which took its name after the 250 GT Competizione's win in the 10-day automobile race (not the bicycle race of the same name). It not only became a true status symbol, but was the victorious flag-bearer of a family of cars that had now become a legend.

La 250 GT California, autre chef-d'œuvre issu de la collaboration entre Ferrari et Pininfarina.

The 250 GT California was another masterpiece in the collaboration between Ferrari and Pininfarina.

Ses origines remontaient à 1954, lorsque la 250 Europa GT carrossée par Pinin Farina fut dévoilée au Salon de l'automobile parisien : elle ressemblait à une version moderne de la 250 Europa de l'année précédente, mais sous le capot se cachait une voiture totalement inédite. Alimentée par un moteur V12 3,0 litres développant 220 chevaux à 7000 t/min, elle fut la toute première Ferrari produite de série, à petite échelle certes.

La série semblait avoir atteint sa maturité en 1957 avec l'introduction de la superbe 250 GT Cabriolet, mais en décembre, Luigi Chinetti insista pour lancer une nouvelle version sur le marché américain. Un véritable chef-d'œuvre était né, la 250 GT California : ses lignes, signées Pinin Farina, étaient sculptées dans l'acier par Scaglietti, qui réinterpréta la 250 GT décapotable.

355 voitures furent construites en un peu plus d'un an, preuve que la production de Ferrari, avec l'arrivée de la 250 GT Pinin Farina, était passée de l'artisanat à petite échelle à un niveau semi-industriel.

The origins date back to the 1954 Paris Motor Show when the Pinin Farina bodied 250 Europa GT made its first appearance: it looked like an updated version of the previous year's 250 Europa, but under the skin it was a totally new car, powered by a 3.0 litre V12 engine producing 220 bhp at 7,000 rpm. It was quite possibly the first-ever Ferrari to be mass produced, albeit on a small scale.

By 1957 it appeared to have reached the end of the line with the introduction of the splendid 250 GT Cabriolet but before the end of the year in December, Luigi Chinetti insisted on a new version for the American market. A true masterpiece was born, the 250 GT California: its lines, again designed by Pinin Farina, were carved in steel by Scaglietti, who reinterpreted the open-top 250 GT.

Sur piste, sur route, aux salons de l'automobile et même auprès des forces de police, la 250 était un symbole d'une époque.

On the track, on the roads, at Motor Shows and even with the Police force, the 250 was one of the symbols of its time.

La voiture était l'héritière de la première 250 GT mais son allure était plus stricte et élégante, laissant les connotations sportives aux autres versions. Même dans la version GTS à toit ouvrant, c'était la simplicité de ses lignes pures et l'odeur du cuir Connolly qui séduisaient les acheteurs, qu'il s'agisse de riches industriels ou de célébrités glamour comme Audrey Hepburn.

La dénomination SWB (empattement court) était sans doute plus élégante que le terme italien « cul rond » dont elle avait été affublée à l'époque. Carrosserie en aluminium, accessoires de base et 280 chevaux pour la version course ; 40 chevaux de moins, caisse de carrosserie en acier et intérieur cuir pour les versions Strada ou Lusso de la voiture qui allait devenir l'une des plus belles collaborations de tous les temps entre Ferrari, Pinin Farina et Scaglietti.

EN HAUT La légendaire 250 GTO.
EN BAS En 1964, la 250 fut remplacée par la 275 GTB.

The legendary 250 GTO (TOP). In 1964 the 250 was replaced by the 275 GTB (BOTTOM).

335 cars were built in just over one year, a demonstration of how Ferrari production, with the arrival of the 250 GT Pinin Farina, had now broken away from small-scale craftsmanship to a semi-industrial level. The car was the heir to the first 250 GT, but had a more severe and elegant look about it, leaving the more racing-based connotations to the other versions. Even in the open-top GTS version it was the unpretentious class of its clean lines or the smell of Connolly leather that attracted buyers, whether they were rich industrialists or glamour personalities like Audrey Hepburn.

The SWB (*short wheelbase*) name was certainly more elegant than the 'round butt' Italian term as it was known at the time. Aluminium bodywork, basic fittings and 280 bhp for the racing version; 40 bhp less, steel body shell and leather interior for the Strada or Lusso versions of the car that would become one of the most gorgeous collaborations between Ferrari, Pinin Farina and Scaglietti of all time.

En déplaçant le V12 de vingt centimètres vers l'avant du châssis, avec en conséquence un léger sous-virage, il fut possible de faire de la place pour deux sièges arrière. C'était l'objectif poursuivi par les concepteurs de Pinin Farina lorsqu'ils créèrent la 250 GT 2+2 (ou GTE). Cette Ferrari « familiale », proposée à plus de 1000 exemplaires avant d'être substituée par la 330 GT 2+2, s'inscrivit dans l'histoire comme la seule Ferrari utilisée par les forces de police italiennes. Elle était conduite par le sergent légendaire Armando Spataforta de la brigade volante romaine. L'acteur Steve McQueen et Battista Farina optèrent quant à eux pour la 250 GTL, la version la plus luxueuse, élégante et glamour de la série.

Le climax de la carrière de la 250, dont la production cessa en 1964, fut la GTO (Gran Turismo Omologata). Une homologation était nécessaire pour circuler sur route et la distinguait des voitures de course à part entière.

Moving the V12 engine forward in the chassis by twenty centimeters, with a bit of resulting understeer, made it possible to find space for two rear seats. This was the aim of Pinin Farina designers when they drew up the 250 GT 2+2 (or GTE). This 'family-format' Ferrari, which went on to sell in more than 1000 units before being phased out in favour of the 330 GT 2+2, went down in history as the only Ferrari used by the Italian police force, driven by the legendary police officer Armando Spatafora of the Rome flying squad. Screen actor Steve McQueen and Battista Farina instead drove around in the 250 GTL, the most luxurious, elegant and glamorous version of the series.

The height of the 250's career, before it came to the end of its production run in 1964, was represented by the GTO (Gran Turismo Omologata). Homologation papers were the only thing that allowed it to circulate on the road and distinguish it from a fully-fledged racing-car.

Officier de la brigade volante romaine, Spatafora devint une légende au volant de sa 250 GT 2+2.

Flying squad officer Spatafora became a legend behind the wheel of the 250 GT 2+2.

La puissance du V12 atteignait désormais 300 chevaux, ce qui allié au poids de la voiture de 880 kg, donnait un niveau de performance extraordinaire. Elle fut invincible au Tourist Trophy, au Tour de France et aux 12 heures de Sebring. Cependant, la GTO n'était pas seulement une icône pour l'époque et pour le constructeur qui l'avait produite : elle marqua le début d'une nouvelle ère, celle du designer Mauro Forghieri, qui saisit sa chance et permit un bond en avant en termes de qualité après le soi-disant « départ » des ingénieurs mécontents Carlo Chiti et Giotto Bizzarrini de Maranello.

En 1964, l'ère de la 250 toucha à sa fin et elle fut remplacée par la 275 GTB : suspension entièrement indépendante, quatre arbres à cames et une fois encore un design intemporel signé par le légendaire Pinin Farina.

The V12 engine's power output was now up to 300 bhp and this, coupled with the car's weight of 880 Kg, produced an extraordinary level of performance, which made the car unbeatable in the Tourist Trophy, the Tour de France and the Sebring 12 Hours. But the GTO was not merely an icon of its time and the car maker who had produced it: it also marked the start of a new era, that of designer Mauro Forghieri, who took the opportunity to make a quantum leap forward in quality after the so-called 'walk-out' of the disaffected engineers Carlo Chiti and Giotto Bizzarrini from Maranello.

In 1964 the 250 era came to an end and it was replaced by the 275 GTB: fully independent suspension, four-cam engine and once again a timeless design from the legendary Pinin Farina.

EN HAUT À GAUCHE La 275 GTB. EN HAUT À DROITE La victorieuse 250 GTO. PAGE SUIVANTE, EN BAS La 250 GT California.

The 275 GTB (TOP LEFT). The victorious 250 GTO (TOP RIGHT). The 250 GT California (BOTTOM).

# DINO

LE BŒUF QUI POUSSE
LA CHARRUE

The ox that pushes the cart

# L'idea Ferrari

Berlin, Neue Nationalgalerie          17.5. bis 31.7. 1994

Le titre mondial de Jack Brabham au volant d'une Cooper à moteur central arrière finit par convaincre Enzo Ferrari de briser la règle selon laquelle « c'est le bœuf qui tire la charrue, pas l'inverse ». C'est ainsi qu'est née la 346 P Formule 1.

Il fallut cependant attendre jusqu'en 1963 pour voir une routière Ferrari à moteur arrière, année où Ferrari refusa d'ailleurs une offre de dix millions de dollars de la part de Ford qui voulait racheter l'entreprise.

La 250 LM était une version route de la 250 P et avait dû être homologuée dans la catégorie GT, comme la GTO.

Jack Brabham's world title with a mid/rear-engined Cooper had finally convinced Enzo Ferrari to break his rule that 'it was the ox that pulled the cart, not the other way round'. And that was the origin of the Formula 1 346 P.

But we had to wait until 1963 to see a Ferrari road-car with its engine behind the driver, the same year that Ferrari refused a 10 million dollar offer from Ford to purchase the company.

The 250 LM was a road-going version of the 250 P and was to have been homologated in the GT category, like the GTO.

EN HAUT À GAUCHE La 250 LM, première Ferrari de route à moteur central et sa « genèse » sur une affiche (À DROITE).
EN BAS À GAUCHE Le GP de Monaco de 1967 et les derniers moments de la vie Lorenzo Bandini.

TOP LEFT The 250 LM, the first mid-engined Ferrari road car and its 'genesis' in a poster (RIGHT). BOTTOM LEFT The 1967 Monaco GP and the final moments of Lorenzo Bandini's life.

Il eut pourtant un problème lors de la procédure et la 250 dut concourir dans la catégorie Sport. La rage de Ferrari fut telle qu'il se retira du championnat des voitures de sport et prit part aux deux dernières courses de Grand Prix de Formule 1 sous les couleurs blanche et bleue de l'écurie NART (North American Racing Team) de Chinetti en signe de protestation.

« Petite, puissante, fiable… presque une Ferrari », tel fut le slogan choisi pour dévoiler la Dino 206 GT en 1967. Derrière le volant se cachait un moteur six cylindres, 2,0 litres (sur lequel Dino avait travaillé avant de disparaître), dont la puissance atteignait 180 chevaux, propulsant la voiture à une vitesse maximale de 235 km/h. Mais ce n'était pas suffisant pour « mériter » le cheval cabré sur le capot… C'est pour cette raison que la marque parallèle « Dino » fut créée.

But something went wrong in the homologation process and the 250 had to race in the Sport category, which angered Ferrari so much that he pulled out of the Sportscar championship and raced the final two F1 grands prix in the white and blue NART (North American Racing Team) colours of Chinetti as a sign of protest.

«Minute, powerful, safe… almost a Ferrari», was the slogan coined for the unveiling of the Dino 206 GT in 1967. Behind the cockpit lay a six-cylinder, 2.0 litre engine (on which Dino had worked before passing away), which had a power output of 180 bhp taking the car to a top speed of 235 Km/h. But this was not enough to 'merit' the Prancing Horse logo on the bonnet; as a result the parallel 'Dino' brand was created.

Pour la toute première fois, avec la Dino 206 GT « le bœuf poussait la charrue ».

For the first time ever, with the Dino 206 GT the 'the ox pushed the cart'.

Pas même un chef d'œuvre de design signé Leonardo Fioravanti (qui travaillait chez Pininfarina) et une carrosserie Scaglietti ne suffirent, puisque six mois plus tard la Dino 246 GT, équipée d'un moteur 2,4 litres, 195 chevaux, prit le relais. La carrosserie était à peu près identique mais l'aluminium avait été remplacé par de l'acier, et elle était accompagnée d'une version GTS à toit escamotable.

La famille Dino s'agrandissait et en 1973, la taille du moteur passa à trois litres (255 chevaux). La nouvelle voiture était l'œuvre de Bertone, qui donna à la 308 GT4 ses lignes modernes et cunéiformes, qui ne furent jamais réellement acceptées par les puristes de Ferrari. La vitesse maximale était de 250 km/h. Deux ans plus tard, la 208 GT4 fut proposée pour profiter des déductions fiscales sur un marché italien qui pénalisait les voitures de plus de 2 litres : le moteur six cylindres avait été réduit à 1990 cm3 et – pêché encore plus inavouable pour les fans de Ferrari – la puissance avait été réduite à 85 chevaux.

Not even a masterpiece design by Leonardo Fioravanti (who worked at Pininfarina) and metalworking by Scaglietti was sufficient, because six months later the baton was handed over to the Dino 246 GT, which had a 2.4 litre, 195 bhp engine. The body was virtually identical, but it was now in steel instead of aluminium, and it was also flanked by the GTS version with a removable hard-top.

The Dino family was starting to grow and in 1973, the engine size went up to three litres (255 bhp). The new car was designed by Bertone, who gave the 308 GT4 its modern, wedge-shaped lines, even though they were never really accepted by Ferrari purists. Top speed was 250 Km/h. Two years later, the 208 GT4 came out to gain tax concessions in an Italian market that penalized over 2-litre cars: the six-cylinder engine was reduced to 1990 cc and – an even greater sin for Ferrari enthusiasts – power was reduced to 85 bhp.

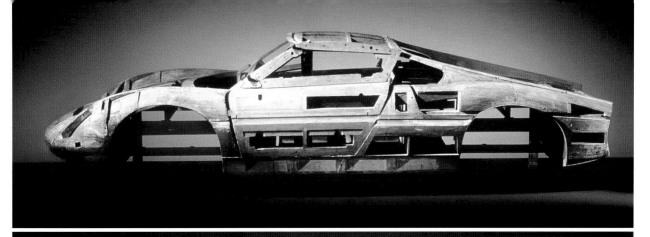

Même si les Dino 308 et 208 Bertone furent des fiascos, les versions Ferrari 308 et 208 GTB et GTS Pininfarina devinrent des icônes pour l'entreprise.

Although the Dino 308 and 208 Bertone were flops, the Ferrari 308 and 208 GTB and GTS Pininfarina versions became an icon for the company.

La version Pininfarina, la Ferrari 308 GTB, qui arborait le symbole du cheval cabré sur son capot, remporta un succès sans précédent ; tel fut le secret de la réussite. Lancée à l'occasion du Salon de l'automobile parisien de 1975, elle possédait des lignes radicales et agressives et était aussi proposée en version GTS décapotable. On y ajouta l'injection puis une version quatre soupapes fut proposée jusqu'en 1985.

1980 fut marquée par la sortie de la 208 GTB et de la GTS et son moteur deux litres, comme la Dino de Bertone, mais avec une puissance de 155 chevaux. Pour une Ferrari, c'était purement et simplement insuffisant et, en 1982, une version turbo 220 chevaux fut proposée, suite aux victoires de Ferrari en Formule 1.

The Pininfarina-styled version, the Ferrari 308 GTB, which had the Prancing Horse symbol on the bonnet, was an unprecedented success, and there lies the secret. Launched at the 1975 Paris Motor Show, it had sweeping, aggressive lines and also came in an open-top GTS version. It was updated with fuel injection and then in a four-valve version up until 1985. 1980 saw the arrival of the 208 GTB and the GTS with two-litre engines, just like Bertone's Dino, but with just 155 bhp of power. For a Ferrari this was simply not sufficient and in 1982 it was offered in a 220 bhp turbo version, in the wake of Ferrari's successes in Formula 1.

Une version américaine de la 308 GTS, avec ses pare-chocs et ses marqueurs latéraux.

A US version of the 308 GTS, with safety bumpers and side markers.

# DAYTONA

## LA FIN D'UNE ÈRE

The end of an era

À l'époque, la forme donnée à la nouvelle 365 GTB4 Daytona par Pininfarina en choqua plus d'un. Elle était en rupture nette avec le passé, troquant les lignes harmonieuses de la 275 GTB pour des arêtes acérées et des surfaces plates et angulaires. Rétrospectivement, c'était un premier pas vers le futur, un changement de direction nécessaire car rien d'autre ne pouvait être ajoutée à la perfection classique des Ferrari des années cinquante et soixante.

Pour les années à venir, la Daytona serait également la dernière berlinetta dotée d'un moteur puissant en position avant. Les temps changeaient, la compétition se durcissait et les voitures de sport étaient de plus en plus nombreuses à avoir un moteur central : la 354 GT4 BB était juste au coin de la rue.

Son capot abritait le V12 habituel, un moteur de 4390 cm$^3$ développant 352 chevaux à 7500 t/min, suffisamment pour propulser le poids à sec de 1280 kg (probablement trop) du véhicule à une vitesse maximale de 280 km/h et capable d'abattre le 0-100 km/h en moins de six secondes.

At the time the shape given to the new 365 GTB4 Daytona by Pininfarina was quite a shock. It was a clean break with the past, replacing the sleek lines of the 275 GTB with sharp-edged styling and flat angular surfaces. Looking back in hindsight this was a first step towards the future, a necessary change in direction because nothing more could be added to the classic perfection of the Ferrari cars of the 1950s and 1960s.

For many years to come, the Daytona would also be the last Ferrari berlinetta to have a powerful front-mounted engine. Times were changing, the competition was getting tougher and sportscars were moving more towards mid-engined power: the 365 GT4 BB was just around the corner.

The bonnet concealed the usual V12 engine, this time a 4390 cc unit pushing out 352 bhp at 7,500 rpm, enough to take the 1280 kg of dry weight (possibly too much) of the car to a top speed of 280 Km/h, with a 0-100 time of less than 6 seconds.

Le triplé de Ferrari aux 24 heures de Daytona en 1967 inspira le nom de la nouvelle 365 GTB4 Daytona.

Ferrari's 1-2-3 victory in the 1967 Daytona 24 Hours was the inspiration behind the name of the new 365 GTB4 Daytona.

La voiture était dotée d'une suspension totalement indépendante, de freins à disque et d'une boîte manuelle 5 vitesses montée à l'arrière. La tenue de route était excellente et elle remporta de nombreuses victoires sur circuit. Le nom Daytona fut choisi, plus par les médias d'ailleurs, pour commémorer les trois places de podium obtenues par Ferrari lors des 24 heures de Daytona l'année précédente, lorsque la victoire fut attribuée à Lorenzo Bandini/Chris Amon sur une 330P4. Ce fut l'une des dernières victoires du pilote italien qui mourut la même année au Grand Prix de Monte-Carlo lorsque sa Formule 1 312 prit feu. En 1969, Ferrari appartenant désormais à l'empire Fiat, la 365 GTS4, version décapotable de la Daytona, fut dévoilée à l'occasion du Salon de l'automobile de Francfort.

La 365 GTB4 céda ensuite sa place à la 365 GTC4, lancée à Genève en 1971 : la taille et la mécanique de la voiture n'avaient pas changé, tout comme certains éléments du design, mais l'originalité de la voiture avait disparu et son impact sur le marché fut bien moindre.

It had fully-independent suspension, disc brakes and a rear-mounted 5-speed manual transmission. Roadholding was excellent and it scored numerous victories on the track. The Daytona name was coined, more by the media than anyone else, to commemorate Ferrari's 1-2-3 finish obtained in the Daytona 24 Hour race the previous year, when the win went to Lorenzo Bandini/Chris Amon in a 330P4. This was one of the last ever wins for the Italian driver, who lost his life when his 312 F1 became a fireball at the Monte Carlo Grand Prix that same year. At the 1969 Frankfurt Motor Show, with Ferrari now part of the Fiat empire, the 365 GTS4, the open-top version of the Daytona was unveiled.

The 365 GTB4 was then evolved into the 365 GTC4, which was launched in Geneva in 1971: the size and the mechanical components of the car were the same, together with some of the design, but the car's originality had gone and its impact on the market was much less successful.

EN HAUT À GAUCHE Battista « Pinin » Farina.
EN HAUT À DROITE ET EN BAS La 365 GTS4, star du Salon de l'automobile de Francfort en 1969.

TOP LEFT Battista "Pinin" Farina. The 365 GTS4 would be the star of the 1969 Frankfurt Show (TOP RIGHT AND BOTTOM).

# 365 BB

## UN PREMIER PAS VERS LE FUTUR

First step
towards the future

À GAUCHE Gianni Agnelli et Luca Cordero di Montezemolo.
EN BAS Le circuit d'essai de Fiorano, inauguré en 1972.

LEFT Gianni Agnelli and Luca Cordero di Montezemolo.
BOTTOM The Fiorano test-track, inaugurated in 1972.

Les années soixante-dix ne débutèrent pas sous les meilleurs auspices pour Ferrari : le dernier titre de F1 datait de 1964 et la catégorie des voitures de sport était dominée par la Porsche 917s, mythique et puissante. 1972 fut marquée par l'arrivé d'un personnage clé dans l'entreprise : Luca Cordero du Montezemolo. Il joua initialement un rôle de non-intervention, mais deux ans plus tard ce manager jeune et ambitieux, très proche de la dynastie Agnelli, devint Directeur sportif. L'inauguration du circuit d'essai privé moderne de Fiorano eut également lieu cette année-là.

1973 débuta tout autrement avec le lancement d'une nouvelle voiture. D'un point de vue mécanique, on avait cette fois-ci fait table rase du passé. La 365 GT4 BB (Berlinetta Boxer) était une GT à moteur central qui correspondait à une transformation du prototype BB qui avait réussi à monopoliser toute l'attention au Salon de l'automobile de Turin de 1971, aux dépends de la Lancia Stratos.

The 1970s didn't exactly get off to the best possible start for Ferrari: the F1 title had been missing from the trophy case since 1964 and the sportscar category was dominated by the legendary and powerful Porsche 917s. 1972 saw the arrival of a key figure at the company - Luca Cordero di Montezemolo. He was initially in a hands-off role, but two years later this young and high-flying manager, closely tied to the Agnelli dynasty, had become the Sporting Director. The same year also saw the inauguration of the modern private test-track at Fiorano.

Things were different in 1973 was different as it saw the launch of a new car, this time a clean break from the past from a mechanical point of view. The 365 GT4 BB (Berlinetta Boxer) was a mid-engined GT car and was a transformation of the BB concept car that had succeeded in stealing all the attention away from the Lancia Stratos at the 1971 Turin Motor Show.

Changement de direction avec la 365 GT4 BB : lignes futuristes et moteur central arrière.

Change of direction with the 365 GT4 BB: futuristic lines and mid/rear engine.

Le moteur en alliage avait toujours 12 cylindres mais montés à plat en position centrale de type Boxer, ce qui donna à la voiture son deuxième « B », même si chez Ferrari on préférait le terme plus puriste de « V180° ». La cylindrée était identique à celle du V12 de la vieille Daytona, 4390 cm$^3$, mais la puissance passa de 352 à 380 chevaux, et la vitesse maximale atteignait 302 km/h.

La position centrale du moteur améliorait radicalement la conduite et la stabilité, rapprochant la voiture « de la perfection » selon le champion du monde Emerson Fittipaldi, qui la testa pour le mensuel italien Quattroruote.

La BB, en plus d'être une voiture extraordinaire, représentait une avancée vers le futur, la première d'une famille de voitures de sport fantastique à moteur transaxe à laquelle viendra s'ajouter la mythique Testarossa et qui s'achèvera avec la Ferrari Enzo. Galvanisée par les résultats obtenus sur la piste avec les voitures dotées de cette architecture, elle remporta un succès énorme : au moment où elle passa le relais à la 512 BB, 387 exemplaires avaient été vendus.

The engine was again a 12-cylinder unit in alloy, but this time it was a mid-mounted flat-12 unit with a Boxer crankshaft, which gave the car its second 'B' after Berlinetta, even though many in Ferrari preferred the more purist term of 'V180°'. The engine displacement was the same as the old Daytona V12, 4390 cc, but power output went up from 352 to 380 bhp, and the car had a top speed of 302 Km/h.

The mid-mounted engine radically improved handling and stability, making the car 'close to perfection', according to world champion Emerson Fittipaldi, who tested it for the Italian monthly magazine Quattroruote.

But the BB, as well as being an extraordinary car, was also a step towards the future, the first in a family of fantastic mid-engined sportscars that would include the legendary Testarossa and come to an end with the Enzo. Galvanized by results on the track obtained with cars of the same mechanical architecture, it had an enormous success: by the time the baton was handed over to the 512 BB, a total of 387 cars had been sold.

Avec la 512 BB, la cylindrée fut boostée à 4946 cm³, mais c'était simplement le moyen de parer à la perte de 20 chevaux due à l'ajout du pot catalytique requis pour le modèle destiné à l'exportation américaine. À chaque fois cependant, la voiture devait être homologuée en tant qu'exemplaire unique. De légères modifications furent apportées à la carrosserie, qui avait été dessinée par Fioravanti pour Pininfarina.

With the 512 BB the engine size was boosted to 4943 cc, but this was just an expedient to contain the 20 bhp loss in power caused by the addition of a catalytic converter, required for the US export model. However, as an expedient, every car imported had to be homologated as a unique example. Few modifications were made to the bodywork, which had been designed by Fioravanti for Pininfarina.

En 1981, l'ajout de l'injection Bosch K-Jetronic « déroba » à la voiture 20 chevaux de plus, lui en laissant 340, et la vitesse maximale de la 512 BBi baissa aussi à 280 km/h.

Malgré cela, 1936 exemplaires de la 512 BB et BBi furent produits et vendus jusqu'à 1984.

In 1981, the addition of Bosch K-Jetronic fuel injection 'robbed' the car of a further 20 bhp, leaving it at 340, and the top speed of the 512 BBi also went down to 280 Km/h.

Despite this 1,936 512 BB and BBi models were produced and sold until 1984.

PAGE PRÉCÉDENTE ET À GAUCHE Ces deux clichés de la 512 BB soulignent le côté fascinant de la ligne de carrosserie et les composants mécaniques sophistiqués.

PREVIOUS PAGE AND LEFT These two shots of the 512 BB underline the fascination of the body shape and the sophisticated mechanical components.

# MONDIAL

## LE VILAIN
## PETIT CANARD ?

The 'ugly duckling'?

Les deux visages de la F1 Ferrari : le champion Niki Lauda (À GAUCHE)
et l'idole des foules Gilles Villeneuve (EN HAUT) avec Enzo Ferrari.

Two faces of F1 Ferrari: champion Niki Lauda (LEFT),
and the idol of the crowd Gilles Villenueve (TOP) with Enzo Ferrari.

La mission de concevoir une GT 2+2 à moteur central arrière transversal V8 fut confiée à Pininfarina à la fin des années soixante-dix, une période partagée entre la joie et la tristesse en compétition pour Ferrari. Niki Lauda avait quitté Maranello avec le titre de champion du monde en poche et, après une année sans victoire, Ferrari remporta à nouveau le titre avec Jody Scheckter.

À cette époque, cependant, le jeune Gilles Villeneuve attirait toute l'attention des fans. Il était capable d'atteindre ses limites voire de les repousser dès qu'il mettait un pneu sur la piste. Le Canadien s'empara du cœur des tifosi de Ferrari. Il perdit la vie, le 8 mai 1982.

The task of designing a 2+2 GT car with a transverse-mounted mid/rear V8 engine fell to Pininfarina at the end of the 1970s, in a period which on the race-track for Ferrari was marked by pain and joy. Niki Lauda had left Maranello with the world title in his pocket and, then after a year of no success, Ferrari again won the title with Jody Scheckter.

At that time however the attention of the fans was all for the young Gilles Villeneuve, who was capable of racing to, and often over the limit every time he took to the track. The Canadian entered the hearts of the Ferrari tifosi right until the day he lost his life on May 8, 1982.

Le fruit du travail de conception de Pierangelo Andreani et Leonardo Fioravanti s'appelait Mondial 8, nom tiré de la célèbre voiture de sport des années cinquante. Ses lignes étaient plutôt simples, bien que sportives, et elle possédait des prises d'air latérales en forme d'ouïes. Ce détail allait devenir une vraie marque de fabrique pour les Ferrari à partir des années quatre-vingt. Cependant, la Mondial fut accueillie mollement par les fans de Ferrari. Certains trouvaient son allure gauche et disproportionnée, et ses performances n'étaient pas non plus enthousiasmantes : 214 chevaux pour son moteur V8 de 3,0 litres suffisaient tout juste à pousser la voiture, qui pesait plus de 1500 kg et dont l'aérodynamisme n'était pas le point fort, à une vitesse maximale de 230 km/h. 26 chevaux supplémentaires furent obtenus fin 1982 grâce à l'ajout de quatre soupapes par cylindre (ce modèle fut baptisé Mondial Quattrovalvole) et signifièrent une amélioration notable. L'année suivante, la version Cabriolet fut proposée.

Le design de la Mondial a été fortement critiqué mais elle fut l'une des Ferrari les plus durables.

The design of the Mondial received a lot of criticism, but it was one of the longer-lasting Ferrari cars.

The result of Pierangelo Andreani and Leonardo Fioravanti's design work was called the Mondial 8, a name that came from the famed sportscar of the 1950s. It had rather plain, albeit sporty lines, and gill-shaped air intakes on the sides. These would become a true Ferrari trademark throughout the 1980s and beyond.

Nevertheless, the Mondial received a lukewarm reception from Ferrari enthusiasts. Some thought it was ungainly-looking and badly-proportioned, and neither was its performance particularly enthusiastic: 214 bhp from its 3.0 litre V8 engine was only enough to push the car, which weighed over 1,500 kg and did not have particularly good aerodynamics, to a top speed of 230 Km/h. An extra 26 bhp at the end of 1982 with the addition of four valves per cylinder (the car was now called the Mondial Quattrovalvole) made a major improvement, while the following year saw the arrival of the Cabriolet version.

EN HAUT L'arrière massif de la Mondial devait aussi abriter le moteur.
EN BAS La position de conduite de la Mondial.

TOP The massive rear of the Mondial also had to house
the engine. BOTTOM The Mondial's cockpit.

La ligne de la voiture fut modifiée en 1985, année du lancement de la Mondial 3.2 GTB et GTS. Certains éléments esthétiques étaient identiques à ceux de la nouvelle 328 GTB, tout comme le moteur 3,2 litres d'une puissance de 270 chevaux et d'une vitesse maximale de 250 km/h. La version GTS était beaucoup plus élégante que le coupé, ce qui fut confirmé par son succès commercial, notamment aux États-Unis : 810 des 1797 « 3.2 » vendues étaient des cabriolets.

Le chant du cygne de la Mondial retentit en 1989. Juste avant sa retraite, la gamme Mondial fut complétée par les versions T et T Cabrio. La cylindrée passa à 3,4 litres mais la plus grande innovation fut le moteur V8 monté en position longitudinale, formant ainsi une configuration en « T » avec la boîte de vitesses transversale, à l'instar des Formule 1 des années soixante-dix dont la dénomination comportait également la lettre « T ».

The car underwent its first restyling in 1985, when the Mondial 3.2 GTB and GTS were launched. Some style features were similar to the new 328 GTB, and so was the 3.2 litre engine which had a power output of 270 bhp and a top speed of 250 Km/h. Also in this case the GTS version looked much more elegant than the coupé and this was confirmed by its commercial success, especially in the USA: 810 of the 1,797 "3.2" cars sold were cabriolets.

The car's swansong came in 1989: just before it was pensioned off, the Mondial range saw the addition of the T and T Cabrio versions. Engine displacement was upped to 3.4 litres, but the biggest innovation was that the V8 engine was mounted longitudinally, thus forming a 'T' configuration with the transverse gearbox, like the F1 cars of the 1970s, which also had the letter 'T' in their type name.

# GTO

## LA LÉGENDE CONTINUE

The legend lives on

Gran Turismo Omologata. Même pour les non convertis, la dénomination GTO n'évoquait qu'une seule chose : la Ferrari légendaire de 1962. Utilisant cela comme une ruse marketing, le constructeur au cheval cabré lança en 1984 la 288 GTO à Genève.

Elles n'avaient pas que des initiales en commun. Comme son ancêtre, cette GTO des temps modernes offrait la technologie et les performances d'une voiture de course pour la route, allié à un design qui, dans sa fonctionnalité ultime, était aussi fascinant que possible.

Gran Turismo Omologata. Even to the unconverted, the GTO type name only meant one thing, the legendary Ferrari dating back to 1962. Using this as a marketing expedient, in 1984 the Prancing Horse manufacturer launched the 288 GTO in Geneva.

And it was not just the name. Like its predecessor, this modern-day GTO offered race-car technology and performance for the road, mated with a design that in its extreme functionality, was as fascinating as could possibly be.

Chris Amon, saison 1965. À ses côtés, le designer Mauro Forghieri, qui quitta Ferrari en 1984, céda sa place à Harvey Postlethwaite.

Chris Amon during the 1965 season. Next to him is designer Mauro Forghieri, who left Ferrari in 1984, after being replaced by Harvey Postlethwaite.

Le point de départ était la 308 GTB, mais le groupe moteur, une fois encore en position centrale arrière et longitudinale, était un V8 en alliage de quatre valves par cylindre 2,8 litres dont l'innovation majeure était l'ajout de deux turbos IHI plus intercoolers. La puissance était désormais de 400 chevaux à 7000 t/min, suffisamment pour propulser la voiture, dont le poids à sec était de 1160 kg, de 0 à 100 km/h en 5 secondes. Ce résultat était possible grâce à l'utilisation massive de composite et de fibre de verre pour l'habitable et la carrosserie.

Cette dernière, avec son spoiler arrière intégré, possédait la « queue de canard » de ses illustres prédécesseurs, tout comme les trois fentes d'aération verticales. Elle avait en outre un Cx (coefficient de traînée aérodynamique) de 0,37, résultat d'études menées à bien dans la soufflerie de Pininfarina, ce qui donnait une vitesse maximale de 305 km/h.

The starting-point was the 308 GTB, but the power-unit, again longitudinally and mid/rear-mounted, was an alloy 2.8 litre four valves per cylinder V8 while a major innovation was the addition of two IHI turbochargers with intercoolers. The output was now 400 bhp at 7,000 rpm, enough to power the car, which had a dry weight of 1,160 kg, from 0-100 Km/h in 5 seconds. The result was achieved thanks to massive use of composite materials and fibreglass for the interior and the body.

The latter, with its integrated rear lip spoiler, resembled the 'duck-tail' of its illustrious predecessor, and so did the three vertical air vent slits. It also now had a Cx (aerodynamic coefficient) of 0.37, the result of studies carried out in the Pininfarina wind tunnel, and this produced a top speed of 305 Km/h.

Le prix de vente de € 48 000 ne dissuada pas les nombreux clients et Ferrari fut capable de construire 72 voitures de plus que les 200 initialement prévues.

Pour Ferrari, 1984 fut synonyme d'innovation ; pas seulement en raison du lancement de la 288 GTO et de la Testarossa quelques mois plus tard. Le 31 janvier, Vincenzo Gardella de Fiat fut nommé président de la firme. La première décision du nouveau dirigeant fut de remplacer Mauro Forghieri par l'Anglais Harvey Postlethwaite au poste de directeur technique des activités sportives. Pour Ferrari, ce fut la fin de l'autonomie totale.

However the selling price of € 48,000 didn't seem to deter the numerous clients and Ferrari was able to build 72 cars more than the 200 initially planned.

For Ferrari 1984 was a year of major innovation, not only for the launch of the 288 GTO and the arrival of the Testarossa a few months later. On January 31 Vincenzo Ghidella of Fiat was appointed chairman of the company. The first move of the new manager was the replacement of Mauro Forghieri and the appointment of Englishman Harvey Postlethwaite as new technical director of sporting activities. For Ferrari it was the end of total autonomy.

La dénomination légendaire GTO fit son grand retour, cette fois-ci avec l'élégante 288 berlinetta, présentée lors du Salon de l'automobile de Genève en 1984.

The legendary GTO name type returned, this time with the elegant 288 berlinetta, presented at the 1984 Geneva Show.

# TESTAROSSA

## SIGNE DE PRESTIGE
## DES ANNÉES QUATRE-VINGT

The status symbol
of the 1980s

Tandis que la 288 GTO avait été une démonstration de force pure, une voiture de course taillée pour la route, la Testarossa fut sans aucun doute créée pour aller droit au cœur de tous les fans de Ferrari. Pour y parvenir, aucun schéma, aucun cliché ne pouvait être respecté. La Testarossa était exotique, extrême, unique… et résolument audacieuse.

Ce qui étonna tout le monde lors du Salon de l'automobile parisien, où elle fut présentée entourée de beaux danseurs, fut ses performances et son moteur. Celui-ci dérivait de la 512 BB mais était suralimenté à 390 chevaux grâce aux culasses à quatre soupapes, dont les couvre-culasses étaient peints en rouge. Autre caractéristique audacieuse : sa largeur de près de deux mètres, ses énormes prises d'air latérales en forme de râpe à fromage et ses feux arrière, sans oublier son prix de € 83 150 et son nom légendaire, Testa Rossa (têtes rouges, pour les couvre-culasses) de 1956.

EN HAUT À GAUCHE La Ferrari Testarossa.
À DROITE ET EN BAS À GAUCHE Son héritière, la 512 TR
aux lignes plus douces et à l'habitacle nettement amélioré.

While the 288 GTO had been a show of pure force, a road-going race-car, the Testarossa was undoubtedly created to strike directly at the heart of all Ferrari enthusiasts. To demonstrate that at this level, there were no schemes or clichés that could be respected. The Testarossa was exotic, extreme, unique... and totally audacious.

What amazed everyone at the Paris Auto Show, as the car was surrounded by attractive dancers, was its performance and engine. The latter was derived from the 512 BB, but boosted to 390 bhp thanks to four-valve cylinder heads, with their strictly red cam covers. Other audacious features were its width of almost two metres, the enormous 'cheese-grater' side air intakes and the rear light units, as well as the price tag of € 83,150 and a legendary name, the Testa Rossa (red head in Italian) from 1956. But these were the hedonistic 1980s and all this ostentatiousness became total glamour: the Testarossa WAS the status symbol of a period.

TOP LEFT The Ferrari Testarossa.
RIGHT AND BOTTOM LEFT Its heir, the 512 TR,
had softer lines and a much-improved interior.

La F512 M, petite dernière de la famille Testarossa, marqua la fin d'une ère, celle du moteur Boxer.

The F512 M, the last of the Testarossa family, marked the end of an era, that of the Boxer engine.

Mais nous étions dans les années quatre-vingt, synonymes d'hédonisme, et toute cette ostentation devint synonyme de pur glamour : la Testarossa ÉTAIT le symbole de prestige d'une époque. Quelques modifications apportées à la carrosserie, quasiment toutes à l'avant, distinguèrent la nouvelle 512 TR, qui fut lancée au Salon de l'automobile de Los Angeles en 1992. Les lignes de la voiture ne firent plus sensation, mais elle restait une icône et, ceci ajouté à une augmentation des performances à 428 chevaux, 315 km/h, 0-100 en 4,7 secondes, suffit à convaincre 2280 acheteurs chanceux et riches de se défaire de leur argent.

Tandis que l'habitacle de la 512 TR était le triomphe du luxe avec sa finition cuir Connoly, l'intérieur de la F512M, lancée à Paris en 1994, était un condensé de haute technologie. Malgré 50 kg de moins et une hausse de puissance à 400 chevaux, ses performances ne connurent pas de changement significatif : c'est le design qui fut grandement revisité, notamment l'avant de la voiture. Le design de la grille ressemblait à celui de la contemporaine F355 et les phares rétractables furent remplacés par des feux fixes et carrés, plus modernes. La grille arrière fut aussi supprimée. Ce fut la dernière berlinetta Ferrari dotée d'un moteur boxer en position centrale. Ce fut la fin d'une ère.

A few modifications to the bodywork, almost all of them at the front, distinguished the new 512 TR, which was launched at the Los Angeles Auto Show in 1992. By now the lines of the car were no longer a sensation, but it was still an icon and this, together with a boost in performance to 428 bhp, 315 Km/h, 0-100 in 4.7 seconds, convinced 2,280 lucky and wealthy buyers to part with their money.

While the cockpit of the 512 TR had been a triumph of luxury with its Connolly leather finishing, the interior of the F512M, launched in Paris in 1994, was the epitome of high-tech. Despite having 50 kg less weight and a power increase to 440 bhp, there were no significant changes in its performance: this time it was the design that underwent a major overhaul, especially at the front. The grille was a similar design feature to the contemporary F355 and the pop-up headlights were replaced by more modern, fixed and square-framed units. The rear grille also disappeared. This would be the last Ferrari berlinetta with a mid-mounted boxer engine. It was the end of an era.

# 328
# 348

## LA FAMILLE S'AGRANDIT
## ... MAIS SANS FERRARI

The family grows
... but without Ferrari

Le succès écrasant remporté ces dernières années par les voitures V8 à moteur transaxe, notamment par la 308 GTB et la GTS, réussit à convaincre Ferrari que le meilleur moyen d'avancer était l'évolution et non la révolution : c'est ainsi que les 328 GTB et GTS arrivèrent en 1985.

Les lignes n'avaient pas beaucoup changé, mais l'avant et l'arrière avaient été révisés et remis au goût du jour. Sous le capot, le V8 avait était suralimenté à 3,2 litres (3185 cm³) et la puissance de 270 chevaux était suffisante pour propulser la voiture à 263 km/h. Une fois encore, la GTB était accompagnée de la belle GTS, qui fut vendue à 6068 exemplaires - 1345 pour sa « sœur » à toit amovible. La production des 208 Turbo continua. On les appela simplement GTB et GTS Turbo et on adapta leurs lignes à celles de la 328 ; la puissance passa 254 chevaux, avec une valeur spécifique record de 127 chevaux par litre.

The overwhelming success that mid-engined V8 cars had obtained over the last few years, in particular the 308 GTB and the GTS, convinced Ferrari that the best way forward was evolution not revolution: as a result the 328 GTB and the GTS arrived in 1985.

The lines did not change very much, but the nose and tail sections were revised and updated. Under the bonnet the V8's engine size was boosted to 3.2 litres (3185 cc) and the 270 bhp output was enough to power the car to 263 Km/h. Once again the GTB was accompanied by the attractive GTS, which went on to sell 6,068 units, in comparison with the 1,345 of its hard-top 'sister'.

The 208 Turbos remained in production, now called simply GTB and GTS Turbo and updated with the 328's lines; power was up to 254 bhp, with a record specific value of 127 bhp per litre.

EN HAUT À GAUCHE ET EN BAS La 328 GTB, qui fut ensuite remplacée par la 348 TB (EN HAUT À DROITE).

TOP LEFT AND BOTTOM The 328 GTB, which was then replaced by the 348 TB (TOP RIGHT).

Enzo Ferrari s'est éteint le 14 juillet 1988.
Quelques jours plus tard à Monza, Berger et Alboreto
remportèrent un doublé devant le public
de Ferrari (PAGE SUIVANTE).

Enzo Ferrari died on August 14, 1988.
A few days later at Monza, Berger and Alboreto
scored a one-two victory in front of Ferrari's
home crowd (NEXT PAGE).

Le 14 août 1988, Enzo Ferrari, *il Commendatore* ou « agitateur d'hommes » comme il aimait lui-même se surnommer, mourut à l'âge de 90 ans. L'entreprise qu'il avait fondée était désormais florissante et indépendante et elle lui rendit hommage en arrachant la seule victoire de la saison à McLaren avec la conquête par Berger et Alboreto des deux plus hautes marches du podium du GP Italien.

On August 14, 1988 Enzo Ferrari, *il Commendatore*, or the 'stirrer of men' as how he liked to call himself, died at the age of 90. The company he had founded was now vibrant and independent, and paid tribute to him by taking the only victory of the season away from McLaren with a 1-2 for Berger and Alboreto at the Italian GP.

Près d'un an plus tard, les nouvelles 348 TB et TS furent dévoilées lors du Salon de l'automobile de Francfort. Leur moteur était plus gros, 3,4 litres et une puissance de 300 chevaux. La boîte de vitesses était maintenant transversale (la lettre T l'indiquait, comme sur la Mondial) et la vitesse maximale dépassait les 275 km/h.

Les vrais changements concernaient surtout le nouveau design de la carrosserie, plus lisse et plus pur que celui de la 328 et fortement influencé par la Testarossa : elle possédait les mêmes prises d'air latérales à ailettes et la même grille sur les feux arrière. La 348 avait cependant un design différent pour la grille avant, d'ailleurs ensuite reproduit sur la 512 TR, héritière de la Testarossa.

Just over one year later the new 348 TB and TS were unveiled at the Frankfurt Motor Show. The engine had grown in size to 3.4 litres with a power output of 300 bhp. The gearbox was now transverse (the letter T was used, as for the Mondial) and top speed was over 275 Km/h.

The real changes however were in the new body design, which was smoother and cleaner than the 328 and heavily influenced by the Testarossa: it had the same straked side air intakes and the same rear light grille unit. It was the 348 however that had a different front grille design, which was then reproduced on the 512 TR, the heir to the Testarossa.

La 348 TB inaugura un nouveau design pour les berlinettas huit cylindres qui évoquait le style de la Testarossa.

The 348 TB inaugurated a new design for the eight-cylinder berlinettas, evoking the styling of the Testarossa.

La version finale, datant de 1993, fut la 348 Spider : c'était une authentique spider, sans l'arceau de sécurité de la TS, mais avec un toit ouvrant que l'on pouvait ranger dans un compartiment situé à l'arrière de l'habitacle qui abritait les 320 chevaux. La présentation simultanée à Genève et au Rodeo Drive de Beverly Hills, illustra « l'américanisation » de la voiture, dont la plupart des 1090 unités produites furent vendues avant 1995, date d'apparition de la F355 dans la gamme Ferrari, de l'autre côté de l'Océan.

The final version, dated 1993, was the 348 Spider: it was a true spider, without the roll-bar of the TS but with a soft-top that could be stowed away in a compartment behind the cockpit and with 320 bhp just beneath. The simultaneous presentation in Geneva and at Rodeo Drive in Beverly Hills, gave an idea of the 'Americanization' of the car, most of the 1,090 units produced until 1995, when the new F355 appeared in the Ferrari model range, were sold on the other side of the Atlantic.

La version décapotable ne pouvait résolument pas être absente de la gamme 348.

An open-top version had to be part of the 348 range.

# F40

## UNE DÉCLARATION DE MISSION POUR LE 40e ANNIVERSAIRE DE FERRARI

A mission statement
on Ferrari's 40th anniversary

1947-1987 : Ferrari a 40 ans. Cela méritait bien des célébrations à la hauteur de l'événement. Même si les succès en Grand Prix étaient modestes - et ce malgré l'arrivée de John Barnard - à Maranello on préparait déjà la production de la voiture la plus rapide et la plus exotique homologuée pour la route : la F40.

Sous la carrosserie Pininfarina se cachait un châssis tubulaire en acier, des composants en matériau composite, en fibre de carbone et en kevlar, avec une suspension à double triangle réglable. Le moteur V8 90° de 2,9 litres (2936 cm3), avec double arbre à cames en tête et quatre soupapes par cylindre, était suralimenté par deux turbocompresseurs IHI avec intercoolers et sa puissance maximale atteignait 478 chevaux à 7000 t/min. C'était équivalent à une valeur spécifique de 162,8 chevaux par litre, un chiffre incroyable pour une voiture routière. La boîte de vitesses était en position longitudinale le long de la boîte-pont.

1947-1987: 40 years of Ferrari deserved to be celebrated. that were worthy of the occurrence. Although Grand Prix success was modest, despite the arrival of John Barnard, at Maranello they were already planning the fastest, most exotic street-legal production car in the world: the F40.

Under the Pinifarina body there was a tubular steel frame, components in composite material, carbon fibre and kevlar, with an adjustable double wishbone suspension. The 90° 2.9 litre (2936 cc) V8 engine, with dual overhead camshafts and four valves per cylinder, was given extra boost by twin IHI turbochargers with intercoolers and it had a maximum power output of 478 bhp at 7000 rpm. This was equivalent to a specific value of 162.8 bhp per litre, an incredible figure for a road-going car. The gearbox was mounted longitudinally along the transaxle.

# Ferrari a 40 ans. Cela méritait bien des célébrations à la hauteur de l'événement.

## 40 years of Ferrari deserved to be celebrated...

La carrosserie de la voiture, qui ne pesait que 46 kg grâce à l'utilisation de matériau composite, était remarquable même pour le fan le plus extrémiste de Ferrari : simple et fonctionnelle, sa garde au sol était extrêmement réduite et dominée par un aileron arrière massif aérodynamique. C'était la seule excentricité d'une voiture qui semblait tout droit sortie du département sportif. Ses performances étaient du même acabit : 324 km/h et une accélération de 0 à 100 km/h en 4,1 secondes, avec un poids à sec de 1100 kg.

Seules 400 F40 étaient censées être construites, 10 pour chaque décennie d'existence de Ferrari. Mais une étiquette affichant € 206 600 (alors qu'une Fiat Uno en coûtait seulement 5000) ne suffit point à dissuader les 1337 clients qui convoitaient cette magnifique voiture, dont le V8 était exposé à l'arrière sous une vitre en Plexiglas ajourée pour chasser la forte chaleur générée par les deux turbos à induction forcée. Son succès poussa Ferrari à poursuivre la production de la F40 jusqu'en 1992.

The car body, with a weight of just 46 Kg thanks to the use of composite materials, was outstanding to even the most diehard of Ferrari fans: simple and functional, it had an extremely low ground clearance and was dominated by a massive low-drag rear wing. This was the only quirk in a car that looked as if it had come straight out of the racing department. Performance was also at a similar level: 324 Km/h and 0-100 Km/h acceleration in 4.1 seconds, with a dry weight of 1,100 Kg.

Just 400 F40s were supposed to be built, ten for each year of Ferrari's existence. But a price tag of € 206,600 (when a Fiat Uno cost just 5000) was not enough to deter the 1,337 clients who lusted after this magnificent car, with its V8 engine housed unde a transparent Plexiglas rear screen, and with slits to get rid of the massive heat generated by the forced induction twin turbos. Its success meant that the production run continued until 1992.

La ligne caractéristique de la F40, encore une fois signée Pininfarina.

The unmistakable line of the F40, once again the work of Pininfarina.

# 456
# 612

## GRAND TOURING POUR 4

Grand Touring for 4

Il y eut de nombreuses Ferrari à quatre places depuis les jours lointains de 1947. De la 250 GTE à la légendaire 330 GT 2+2 en passant par la 400 GT, sans oublier la 365 GT 2+2, la 365 GT4 2+2 ou encore la 412 de 1985. Elles ne pouvaient en aucun cas être considérées comme des « familiales » mais représentaient de véritables modèles phares qui, sans être universellement admirées par les puristes comme pouvaient l'être les modèles GT exotiques biplaces, réussirent à entrer dans la légende Ferrari grâce à leur design, leur technologie et à l'histoire de la marque.

Au début des années quatre-vingt-dix, le moment fut venu de s'occuper de la descendance de la 412 qui, avec ses lignes carrées, n'avait pas grand chose en commun avec les modèles raffinés de la gamme Ferrari ni avec des voitures comme la F355 qui était à sur le point d'être dévoilée.

La 456 GT fut présentée en avant-première au Salon de l'automobile parisien de 1992. C'était un élégant coupé 2+2 et une fois de plus le logo Pininfarina était apposé sur ses flancs. Sa forme harmonieuse était complétée par un intérieur cuir luxueux en cuir Connolly fini à la main.

La 612 Scaglietti était l'héritière de la 456 GT parmi les modèles quatre places de Ferrari.

The 612 Scaglietti was the heir to the 456 GT amongst the four-seater Ferrari models.

There had been many 4-seater Ferraris since those long-ago days of 1947. From the 250 GTE to the legendary 330 GT 2+2 right up to the 400 GT, without forgetting the 365 GT 2+2, the 365 GT4 2+2 or the 412 from 1985. These were in no way to be considered as 'family-format' cars, but true flagship models that, despite not being universally admired by purists as much as the exotic 2-seat GT models, still managed to form part of Ferrari legend for their engineering, design and brand history.

At the start of the 1990s the time had come to produce an heir to the 412, which with its squared-off lines, had little in common with the other sleek models in the Ferrari range or with models like the F355 that was about to arrive on the scene.

L'élégant habitacle de la 456 GT de 1992, où dominait le cuir luxueux Connolly.

The elegant interior of the 456 GT from 1992, dominated by luxury Connolly leather.

Mais sous le capot composite monobloc (les autres panneaux de la carrosserie étaient en aluminium), se cachait un moteur V12 longitudinal en position avant de 5,5 litres (5473 cm$^3$) capable de développer 442 chevaux. C'était suffisant pour franchir la barrière symbolique des 300 km/h. La voiture était équipée d'une boîte de vitesses manuelle à six rapports, mais à partir de 1996, une version automatique à quatre rapports baptisée 456 GTA fut également proposée. En 2004 – 3289 exemplaires de la voiture avaient été vendus (y compris les versions 456 GT et GTA présentées en 1998 après une légère modification de la carrosserie et l'ajout de suspensions « intelligentes » à contrôle électronique) – la voiture avait fait son temps et elle fut remplacée par la 612 Scaglietti.

Dédiée à Sergio Scaglietti, le célèbre carrossier-constructeur ayant fourni les carrosseries d'un grand nombre de Ferrari depuis le début des années cinquante, la 612 était un authentique coupé 4 places, 14 cm plus long que la 456 qu'il remplaçait. Non seulement la carrosserie était en aluminium mais le cadre, développé avec l'entreprise américaine Alcoa, l'était aussi.

The 456 GT appeared for the first time at the Paris Motor Show in 1992. It was an elegant 2+2 coupé, and once again bore the Pininfarina logo on its sides. Its sleek external shape was completed with a luxurious, hand-finished Connolly leather interior.

But under the one-piece composite bonnet (the rest of the body panels were in aluminium) was a 5.5 litre (5473 cc) longitudinal front-mounted V12 engine, pushing out 442 bhp. This was enough to break through the symbolic 300 Km/h barrier. It was fitted with a six-speed manual gearbox, but from 1996 onwards a four-speed automatic version called the 456 GTA was also available. In 2004, after 3,289 units of the car had been sold (including the 456 M GT and GTA versions presented in 1998 following a minor restyling of the bodywork and the addition of 'intelligent' electronically-controlled suspension) the car was phased out and replaced by the new 612 Scaglietti.

Son poids, 1840 kg, était aussi exceptionnel, mais cela n'avait pas l'air de déranger les 540 chevaux cachés sous le capot et transmis aux roues via une boîte de vitesses manuelle à six rapports (ou la transmission manuelle semi-automatisée F1A à six rapports, encore plus rapide). La Scaglietti atteignait ainsi une vitesse maximale de 315 km/h et son accélération féroce de 0 à 100 km/h était de 4,2 secondes.

En 2007, le constructeur de Maranello produisit un modèle bicolore baptisé 612 Sessanta. Cette version spéciale, construite pour commémorer les 60 premières années du cheval cabré, possédait des jantes de 19" en aluminium forgé et un toit panoramique électrochromique assorti à l'intérieur luxueux qui caractérisait la marque.

Dedicated to Sergio Scaglietti, the famous coachbuilder who had provided the bodywork for numerous Ferraris since the early 1950s, the 612 was a true 4-seater coupé, 14 cm longer than the 456 it replaced. Not only was the body in aluminium, but so was the space-frame chassis, which was developed with US firm Alcoa. Its weight, at 1,840 Kg, was also exceptional, but that wasn't much of a problem due to the 540 bhp of power concealed beneath the bonnet and transmitted to the wheels through the six-speed manual gearbox (or the even faster six-speed F1A semi-automatic paddle shift system). As a result the Scaglietti had a top speed of 315 Km/h and 0-100 acceleration was a blistering 4.2 seconds.

In 2007, the Maranello manufacturer produced a two-tone model called the 612 Sessanta. This special version, built to commemorate the first 60 years of the Prancing Horse manufacturer, had 19" forged aluminium wheels and an electro-chromic glass roof to go with the usual luxurious interior.

Malgré ses quatre places, la Scaglietti, avec ses 540 chevaux, ne pouvait pas vraiment être considérée comme une voiture familiale.

Despite enough room for four people, the Scaglietti, with its 540 hp, cannot really be considered a 'family car'.

# F355
# MODENA

## PAS DE MODÈLE D'ENTRÉE DE GAMME

No entry-level model

Le début des années quatre-vingt-dix ne fut pas une période particulièrement bonne pour Ferrari : les ventes étaient en baisse et le succès en Formule 1 se faisait attendre. La première réaction des actionnaires fut de désigner Luca Cordero di Montezemolo en tant que président et administrateur délégué de l'entreprise en 1991. Il venait de quitter son poste de responsable de l'organisation de la Coupe du monde de football en Italie et était désormais un cadre de haut vol jouissant du soutien sans faille de la maison mère de Ferrari, Fiat.

Le département course subit également une réorganisation totale avec l'arrivée de Jean Todt au poste de directeur sportif en 1998 et du champion Michael Schumacher, trois ans plus tard. Pendant ce temps, en 1994, l'ancien rival sans merci de Ferrari, Maserati, avait également été racheté, et bon nombre de ses employés furent licenciés la même année.

The start of the 1990s for Ferrari was not a particularly good period: sales were down and satisfaction in Formula 1 was hard to come by. The first sign of reaction from the shareholders came with the appointment of Luca Cordero di Montezemolo as Chairman and Managing-Director of the company in 1991. He had just come off the back of the job as head of the successful Italia '90 organization for the football World Cup in Italy and was now a high-flying manager who enjoyed the total support of Ferrari's mother company Fiat.

The racing department also underwent a total reorganization with the arrival of Jean Todt as Sporting Director in 1993 and champion Michael Schumacher three years later. In the meantime (1994) Ferrari's former bitter rival Maserati had also been purchased, while numerous employees were put on redundancy payment in the same year.

Sur la F355, Ferrari introduisit une transmission manuelle à commande électro-hydraulique de filiation F1.

In the F355, Ferrari introduced a F1-style paddle gear shift electro-hydraulic manual transmission.

1994 fut également l'année du lancement de la F355 Coupé (comme toujours, la GTS) ; première voiture de la nouvelle époque de Ferrari. Elle remplaça la 348 dans le segment crucial de la berlinetta V8 d'entrée de gamme, mais était davantage destinée à être le summum de l'excellence en matière de technologie, de performances et de style. Le design, avec ses lignes plus douces et plus arrondies, portait une fois encore le logo Pininfarina, tandis qu'un nouveau moteur V8 flambant neuf de 3,5 litres (3495 cm$^3$) se cachait sous le capot avec ses cinq soupapes par cylindre. Une autre innovation issue de la Formule 1 et qui devint une marque de fabrique de Ferrari fut la présentation de la boîte de vitesse manuelle électrohydraulique sur la 355 F1 (le F fut supprimé de ce numéro en particulier) lors du Salon de l'automobile de Francfort en 1997. L'accélération de 0 à 100 km/h était avalée en 4,7 secondes et la vitesse maximale était de 295 km/h.

La F355 Spider, présentée en 1995 pour remplacer la 348 Spider sortante, était clairement destinée au marché américain.

1994 was also the year the F355 Coupé (and, as per tradition, the GTS) was launched, the first car in Ferrari's new course. It replaced the 348 in the crucial V8 berlinetta entry-level segment, but it was aimed more at achieving the height of excellence in technology, performance and style. The design, with its softer, curvier lines, again bore the Pininfarina logo, while under the bonnet was a new 3.5 litre (3495 cc) V8 engine with five valves per cylinder. Another innovation that came from Formula 1, and which became a Ferrari hallmark, was the introduction of a paddle gear shift electro-hydraulic manual transmission on the 355 F1 (the F was dropped from this particular type number) at the 1997 Frankfurt Motor Show. Acceleration from 0-100 was achieved in 4.7 seconds and top speed was 295 Km/h.

The F355 Spider, presented in 1995 as a replacement for the outgoing 348 Spider, was clearly aimed at the American market. As tor its predecessor, a race-tuning kit was offered for anyone who wished to take part in the one-make Challenge trophy.

La F355 (EN HAUT À GAUCHE) fut remplacée par la 360 Modena en 1999, qui figurait parmi les meilleures ventes (EN HAUT À DROITE ET EN BAS).

The F355 (TOP LEFT) was replaced by the best-selling 360 Modena in 1999 (TOP RIGHT AND BOTTOM).

Comme pour son aînée, un kit de tuning course était disponible pour ceux qui auraient envie de participer au championnat monotype Ferrari Challenge.

La nouvelle berlinetta présentée lors du Salon de Genève en 1999, la 306 Modena, tira son nom du lieu de naissance d'Enzo Ferrari. Elle était censée remplacer la F355, mais la nouvelle voiture marqua une rupture nette en matière de design qui concernait l'une des caractéristiques les plus significatives de Ferrari depuis ses débuts : la prise d'air frontale horizontale.

La 360 Spider fit ses débuts en 2000, année du premier titre de Michael Schumacher pour Ferrari.

The 360 Spider made its debut in 2000, the year of Michael Schumacher's first title for Ferrari.

The new berlinetta presented at the 1999 Geneva Show, the 360 Modena, was named after Enzo Ferrari's birthplace. It had been intended to be a replacement for the F355, but the new car marked a significant break in design from one of the most Ferrari features since its early days: the single horizontal front air intake. It was replaced by two lateral intakes that improved the car's aerodynamics package and mechanical efficiency, as they concealed the radiators.

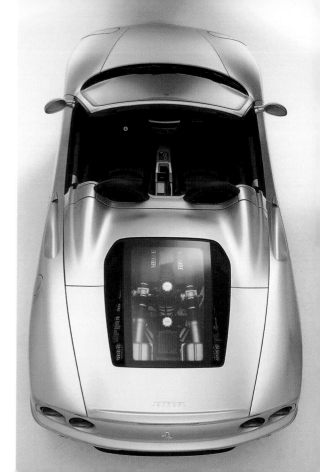

Elle fut remplacée par deux prises d'air latérales qui amélioraient l'aérodynamisme de la voiture et son efficacité mécanique, puisque les radiateurs étaient couverts. Le châssis en aluminium était aussi inédit et le même matériau était utilisé pour la carrosserie. Le moteur passa à 3,6 litres (3586 cm³) et la puissance fut suralimentée à 400 chevaux. La voiture était plus légère que la F355 (1290 kg au lieu de 1350 kg), mais elle était aussi beaucoup plus imposante (22 cm de plus en longueur et en largeur, 4 cm en hauteur) ; mis à part une amélioration de l'accélération et de la tenue de route, le nouvel avant avait un effet négatif et la vitesse maximale resta à 295 km/h. L'année suivante, en 2000, Ferrari renoua avec la victoire dans le championnat du monde de Formule 1 pour la première fois en 21 ans avec Michael Schumacher. Les clients de Ferrari eurent également la possibilité d'acquérir la version Spider de la 360. Le poids de la voiture, en raison du besoin de renforcement consécutif au retrait du toit, augmenta de 60 kg. Petit prix à payer pour le plaisir de conduire une voiture de sport capable de monter 300 km/h sur la route : 20 secondes à peine pour ranger la capote.

The space-frame chassis in aluminium was also totally new, and the same material was used for the body panels. The engine size went up to 3.6 litres (3586 cc) and power was boosted to 400 bhp. The car was lighter than the F355 (1,290 Kg instead of 1,350), but it was also much larger (22 cm in length and width, 4 cm in height); although acceleration and road-holding were improved, the new front section had a negative effect and the top speed remained at 295 Km/h. The following year, 2000, saw Ferrari win the F1 World Championship again for the first time in 21 years.. It was also the first win in a Ferrari for the great Michael Schumacher. Ferrari clients were also given the chance to acquire the Spider version of the 360. The weight of the car, strengthened due to the removal of the hard top, went up by 60 Kg; a small price to pay for the pleasure of being able to drive a 300 Km/h sportscar on the open road, one that took a mere 20" to stow away the soft top. A race kit to take part in the Challenge was also available for the 360 Modena, but that wasn't all: Ferrari: it homologated a track-day version, the Challenge Stradale, for road use: 25 extra bhp, 110 Kg less weight, a specially-designed aerodynamics package, racing suspension and Carbon Ceramic brakes were just a few of the extras on the car.

# F50

## L'HÉRITIÈRE MANQUANTE

The missing heir

L'idée de construire une sculpture en mouvement contenant l'épitomé de l'excellence technologique qui fut à l'origine de la Ferrari F50, ne suffit point à remplacer une véritable icône de l'époque, comme la F40 l'avait été en son temps. Un nouveau numéro et un nouveau design ne réussirent pas à renouveler l'émerveillement que son illustre aînée avait suscité parmi les amoureux de Ferrari (et tous ceux qui étaient tombés en amour lorsqu'ils la découvrirent).

La F50 fit sa première apparition au Salon de l'automobile de Genève de 1995. Le design signé Pininfarina avait conservé bon nombre des caractéristiques de la F40, mais les angles avaient été arrondis, les surfaces plates étaient bombées et les arêtes adoucies.

The idea of building a sculpture in movement like the F50, which was the height of technological excellence, was not enough to replace a true icon of its time, as the F40 had been. A new type number and a new design simply failed to replicate the amazement that its illustrious predecessor had aroused amongst Ferrari enthusiasts (and all those who had become Ferrari enthusiasts when they saw it).

The F50 made its first appearance at the 1995 Geneva Motor Show. The Pininfarina design continued many of the features of the F40, but the hard corners were rounded off, the flat surfaces were curved and the straight edges softened.

La F50 perpétuait les caractéristiques de la F40, en commençant par l'imposant becquet arrière.

The F50 continued many of the styling features of the F40, starting with the massive rear spoiler.

cette sculpture mobile revandiquuait la technologie de pointe par excellence

a sculpture in movement wich was the height of technological excellence

Sous le capot, la musique était différente elle aussi :
le turbo n'était plus en vogue, ni sur la route ni sur
la piste, et le moteur était maintenant un V12 puissant
de 4,7 litres à aspiration naturelle en position centrale
arrière, qui se chargeait également de supporter
les contraintes, comme sur les voitures de compétition.
Grâce à ses cinq soupapes par cylindre et à son
collecteur d'admission à longueur variable,
il développait une puissance maximale de 520 chevaux
à 8500 t/min, ce qui suffisait à propulser la voiture
en fibre de carbone (poids à sec de 1230 kg) à 325
km/h. L'accélération 0-100 km/h était incroyable :
3,87 secondes.

La F50 était disponible en version « berlinetta »
et « barchetta » (avec arceau de sécurité derrière
les sièges), et sa production cessa en 1997 après
la construction de 349 exemplaires (coûtant environ
€ 377 000 chacun). La version course fabriquée pour
concurrencer la classe GT-1 Endurance et dotée du
moteur V12 de la Formule 1 F93A, fut en revanche
annulée.

Under the bonnet the music was also different: turbo-
charging was no longer in fashion, both on the road
and on the track, and the engine was now a powerful
naturally-aspirated 4.7 litre mid/rear mounted V12 unit,
which also acted as a stress-bearing member, as in
competition cars. Thanks to its five valves per cylinder
and its variable length intake manifold aspiration,
it developed a maximum output of 520 bhp at 8,500 rpm,
which was enough to push the carbon-fibre bodied car
(with a dry weight of 1,230 Kg) to 325 Km/h. The 0-100
time was an incredible 3.87 seconds.

It was available as a 'berlinetta' and a 'barchetta'
(with roll-bar behind the seats), and went out of
production in 1997 after 349 units (costing
approximately € 377,000 each) had been built. The
racing version built to compete in the GT-1 Endurance
class and fitted with the V12 enginefrom the F93A
Formula 1 car, was instead cancelled.

# MARANELLO

## CHANGEMENT DE DIRECTION

A change in direction

La dernière véritable GT biplace à moteur V12 traditionnel en position avant était la 365 GTC2, héritière de la mythique Daytona. Après, ce fut au tour des supercars à moteur transaxe et aux lignes exotiques des plus étonnantes.

Les lignes classiques et harmonieuses de la 550 Maranello étaient presque « romantiques » comparées à ses aînées tout comme l'endroit choisi pour son lancement le 21 juillet 1996, le circuit de Nurburgring.

The last pure 2-seater GT car with a traditional front-mounted V12 engine had been the 365 GTC4, the heir to the legendary Daytona. After that it was the turn of the mid-engined supercars, with their striking exotic lines. The classic, harmonious lines of the 550 Maranello were almost 'romantic' in comparison with its predecessors, and so was the venue where it was launched on July 21, 1996, the Nurburgring circuit.

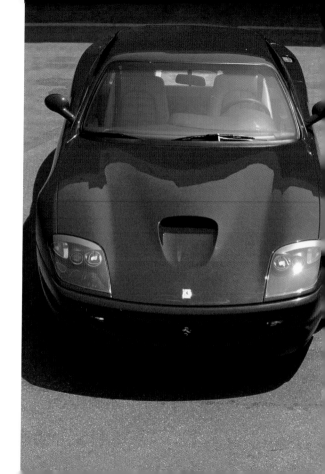

La voiture était l'œuvre de Lorenzo Ramacciotti pour Pininfarina et le pack aérodynamique de la carrosserie fut achevé dans la soufflerie de Grugliasco pour obtenir un Cx de 0,33. Elle était en aluminium, alliant élégance et performances, esthétique et fonctionnalité. L'habitacle de la 550 était luxueux, spacieux et tout habillé de cuir.

La 550 comptait également sur le côté extrême de son alter ego : un V12 de 5,5 litres (5473 cm$^3$) propulsant 485 chevaux et placé en position longitudinale avant, tandis que la transmission était à l'arrière. La puissance était capable d'emporter les passagers à 320 km/h dans un confort ultime. 454 exemplaires de la 550 Barchetta, véritable roadster sans capote, furent également produits. Pininfarina « coupa » lui-même le toit pour obtenir une version cabriolet absolument fascinante.

La 550, baptisée Maranello, ville où Ferrari a toujours été basée,
marqua le retour de la marque dans le secteur des GT à moteur avant.

The 550, named after Maranello where Ferrari had always been based,
marked the return of the brand to the GT sector with a front-mounted engine.

The car design was the work of Lorenzo Ramacciotti for Pininfarina, while the body aerodynamics package was finished off in the Grugliasco wind-tunnel to achieve a Cx of 0.33. It was built in aluminium, uniting elegance with performance, and aesthetics with function. The 550 featured a luxurious and roomy interior which was full of leather.

But the 550 also had a racing alter ego: a 5.5 litre (5473 cc) V12 engine pushing out 485 bhp of power was fitted longitudinally at the front, while the transmission was in the rear. The power was enough to take passengers up to 320 Km/h in the maximum of comfort. 454 units of the 550 Barchetta, a true roadster with no convertible top available, were also produced. Pininfarina himself 'cut' the roof to produce a fascinating open-top version.

2002 sonna l'heure du lifting : au Salon de l'automobile de Genève, la voiture arborait une nouvelle grille frontale, de nouvelles roues et une carrosserie légèrement modifiée. On la baptisa 575M Maranello. Les changements apportés au moteur étaient plus notables ; le V12 passa à 5,7 litres (5748 cm$^3$) et la puissance à 515 chevaux. La vitesse maximale avait gagné 5 km/h et l'accélération de 0 à 100 km/h était désormais de 4,2 secondes, grâce à la transmission hydraulique six rapports dérivée de la Formule 1. La suspension à commande électronique s'adaptait automatiquement au style de conduite et aux conditions de la chaussée. L'intérieur avait aussi subi des aménagements, il était beaucoup plus confortable.

In 2002 it was time for a restyling: at the Geneva Motor Show, the car had a new front grille, new wheels and a slightly modified body and it was called the 575M Maranello. The changes to the engine were more notable, with the V12 engine displacement raised to 5.7 litres (5748 cc) and power up to 515 bhp. Its top speed was 5 Km/h higher and it went from 0-100 in 4.2 seconds, with assistance from its six-speed F1-derived electro-hydraulic transmission. Suspension was also electronically controlled and it automatically adapted itself to driving style and road conditions.

La 550 Barchetta supercar de 2000 (EN HAUT, GAUCHE ET DROITE) était le préambule de la véritable version décapotable, présentée en 2005 et baptisée Superamerica (EN BAS).

The 550 Barchetta supercar from 2000 (TOP LEFT AND RIGHT) was a preview of the true open-top version, presented in 2005 with the name Superamerica (BOTTOM).

Les lignes **classiques** et **harmonieuses** étaient presque « romantiques »

*The **classic**, **harmonious** lines were almost romantic*

Deux ans plus tard, la version 575 Maranello avec pack GTC fut lancée pour le plus grand plaisir des clients férus de course. Elle était équipée de freins en carbone céramique, d'un système adaptatif de suspension, d'un pack aérodynamique spécial et d'autres modifications réussies dérivées du modèle victorieux au Championnat FIA GT.

La 575 Superamerica, évoquant une fois de plus le nom légendaire du cheval cabré, fut introduite en 2005 aux salons de l'automobile de Los Angeles et Detroit, et fut produite à 559 exemplaires. Le moteur dérivait de la 575M tout comme l'avant de la carrosserie. Le V12 quant à lui avait 25 chevaux de plus (540 au total) et l'arrière avait été redessiné pour s'adapter aux innovations de la voiture, toutes deux inédites : un toit panoramique électrochromique qui s'assombrissait selon l'intensité du soleil et pivotait à 180° à l'arrière pour se poser à plat sur la malle arrière.

Le système fut inventé et breveté par Leonardo Fioraventi qui l'avait d'abord proposé pour le concept car Alfa Romeo Vola.

There was also a redesign of the interior, which was now much more comfortable. Two years later the 575 Maranello GTC handling package version was launched for the more racing-oriented customers. It was equipped with Carbon Ceramic brakes, performance-tuned suspension system, a special aerodynamics package and other successful modifications derived from the victorious FIA GT championship model.

The 575M Superamerica, again evoking the legendary Prancing Horse name, was introduced at the 2005 Los Angeles and Detroit Auto Shows, and it was produced in 559 units. The engine was derived from the 575M and so was the front of the body. The V12 however had an extra 25 bhp (now 540 bhp) and the rear was redesigned to harmonize with the car's innovations, both firsts: an electro-chromic glass panel roof that darkened according to the sun's intensity and rotated 180° at the rear to lay flat over the boot.

The system was invented and patented by Leonardo Fioravanti who had first proposed it on the Alfa Romeo Vola concept car.

# ENZO

## EN PROVENANCE DIRECTE DE LA FORMULE 1

Directly from Formula 1

La Ferrari Enzo hérita du nom du fondateur de l'entreprise et lors de sa présentation au Salon de l'automobile de Paris, on comprit vite qu'elle était l'alliance rêvée entre la technologie GT de route et la Formule 1. C'était palpable dans le design de la carrosserie et (rares sont ceux qui eurent le plaisir d'en faire l'expérience) au niveau des spécifications techniques impressionnantes. Ferrari traversait un âge d'or : Michael Schumacher venait de conquérir le troisième titre mondial du constructeur au cheval cabré, les ventes augmentaient rapidement et tout ce qui pouvait booster le prestige de l'entreprise était autorisé.

Le nez ressemblait à celui d'une F1 et toute la carrosserie, en plus d'être fabriquée en matériau composite, avait été conçue dans un souci d'efficacité aérodynamique maximale. La suspension et la configuration aérodynamique de la voiture étaient commandées par ordinateur en fonction de la vitesse. La carrosserie ultra-légère abritait un V12 en alliage d'aluminium de 5998 cm³ en position centrale arrière.

Michael Schumacher remporta cinq titres mondiaux de F1 avec Ferrari. Pour le cheval cabré, c'était une période dorée.

Michael Schumacher won five world F1 titles with Ferrari. For the Prancing Horse it was a successful period.

The Ferrari Enzo bore the name of the company's founder and at its 2002 Paris Motor Show launch it was clear the car was a match made in heaven between road-going GT and Formula 1 technology. This could be seen in the design of the bodywork (but not experienced, as only a very select few would have the pleasure) and the impressive technical specifications. Ferrari was passing through a golden age: Michael Schumacher had just won his third world title for the Prancing Horse manufacturer, sales were rapidly on the up and anything that could help boost the company's prestige was permitted.

The front nose resembled that of a F1 car and the entire body was designed for maximum aerodynamic efficiency, as well as being made of composite materials. The car's suspension and aerodynamic set-up was computer-controlled according to the speed. The ultra-light, composite materials body housed an aluminium alloy 5998 cc V12 engine in a mid/rear-mounted position It was capable of pushing out 660 bhp at 7,800 rpm. The Enzo had four-wheel independent suspension with cabin-adjustable shock absorbers and Carbon Ceramic brakes.

La Ferrari Enzo exploitait grandement la technologie F1. Le résultat : une véritable supercar.

The Ferrari Enzo made massive use of F1-developed technology. The result was a true supercar.

Il était capable de développer 660 chevaux à 7800 t/min. L'Enzo possédait une suspension à quatre roues indépendantes avec amortisseurs réglables et freins en carbone céramique. Elle avait en outre une transmission six rapports semi-automatique de type F1 qui se servait de palettes pour commander un système de changement de vitesse et d'embrayage robotisé, avec un changement de vitesse d'à peine 150 millisecondes. Après avoir fait basculer les portières vers le haut et vers l'avant pour se glisser dans la voiture, l'habitacle ressemblait clairement à celui d'une voiture de course ; même le volant était constellé de boutons et de diodes.

En termes de performances, l'Enzo pouvait atteindre une vitesse maximale supérieure à 350 km/h, avec une accélération de 0 à 100 km/h et de 0 à 200 km/h de 3,65 et 9,5 secondes respectivement. Sa maniabilité avait été approuvée par Michael Schumacher en personne ; il avait collaboré à la mise au point finale. Pour les 399 clients potentiels (ce chiffre bizarre avait été choisi par l'entreprise), le prix de 665 000 euros était un détail.

It also had a semi-automatic F1-style six-speed transmission that used paddles to control an automated shifting and clutch mechanism, with a shift time of just 150 milliseconds. After the doors had been rotated upwards and forwards to actually inside the car, the cockpit was clearly similar to that of a racing car; even the steering-wheel was studded with buttons and LEDs.

As for performance, the Enzo could reach a top speed of over 350 Km/h, with 0-100 and 0-200 times respectively of 3.65 and 9.5 seconds from a standing start. Its road-going handling had been endorsed personally by Michael Schumacher, who helped with the final set-up. For the eventual 399 clients (a number decided by the company) a price tag of 665,000 Euro was a mere detail. However, this was nothing in comparison with the price requested in 2005 for the 29 lucky buyers of the non-street legal FXX, a thoroughbred racing car derived from the Enzo, which had 800 bhp on tap. Customers were given an opportunity to take part in a series of private test sessions, assisted by a Ferrari factory team and this privilege was part of the FXX's 1.5 million Euro price tag (excluding tax!).

# F430

## LA « PETITE » FERRARI GRANDIT

The 'small' Ferrari grows up

Lorsque les projecteurs se posèrent sur la nouvelle Dino 308 GT au Salon de l'automobile parisien en 1973, peu de gens pensaient que les « petites » voitures huit cylindres avaient un avenir. Peut-être d'ailleurs que *il Commendatore* lui-même n'y croyait pas, lui qui n'avait même pas accepté de donner le nom, prestigieux mais ambitieux, de Ferrari à la voiture.

Et pourtant 31 ans plus tard, en 2004, l'héritière de la 360 Modena – la F430 – vit le jour au même Salon de l'automobile. 17 000 exemplaires furent mis en vente, plus que pour n'importe quelle voiture du constructeur au cheval cabré.

When the spotlights were turned on the new Dino 308 GT4 at the 1973 Paris Motor Show, few people thought that a family of 'small' eight-cylinder cars would have much of a future. Maybe not even *il Commendatore* himself, who didn't even endorse the car with the prestigious, but challenging name of Ferrari.

31 years later, in 2004, the heir to the 360 Modena – the F430 – saw the light at the very same Motor Show: it eventually went on to sell a total of 17,000 units, more than any other car from the Prancing Horse manufacturer.

Le design de la F430 s'inspirait de la 360 Modena, mais d'importantes améliorations furent apportées au compartiment moteur.

The design of the F430 was inspired by the 360 Modena, but major improvements had been made in the engine bay.

Une fois encore, c'était une période faste pour la marque italienne : Schumacher remportait son septième titre de pilote, Ferrari le cinquième et les ventes grimpaient dans le sillage des victoires en série. L'usine de Maranello subit une phase de reconstruction et devint une structure modèle dotée de plusieurs pavillons dessinés par des architectes de renommée internationale.

La F430 se positionnait sur le marché comme l'évolution logique de la Modena : elle avait la même taille et la même ligne mais était plus arrondie et aérodynamique, et ressemblait à l'Enzo. À l'intérieur, une autre évolution : une version modernisée du moteur 3,3 litres garantissait 490 chevaux et une vitesse maximale de 315 km/h, avec une accélération de 0 à 100 km/h en quatre secondes pile. Freins en carbone céramique, volant équipé de la molette « Manettino » servant à régler entre autres le différentiel électronique E-Diff et 1390 kg faisaient le reste.

Once again it was a golden age for the Italian firm: Schumacher was winning his seventh Drivers' title, Ferrari's fifth, and sales were soaring in the wake of the series of victories. The Maranello factory also underwent a restructuring phase and became a model structure, with pavilions designed by world-famous architects.

The F430 was positioned on the market as the logical successor to the Modena: it had the same size and the same styling features, but was more curvaceous and aerodynamic, with a clear resemblance to the Enzo. Under the skin it was also an evolution: an updated version of the 3.3 litre engine guaranteed 490 bhp and a top speed of 315 Km/h, with 0-100 acceleration in four seconds dead. Carbon Ceramic brakes, a 'Manettino' steering wheel mounted control knob for adjusting, amongst other things, the E-Diff computer-controlled active differential, and just 1,390 Kg of weight did the rest.

Une version Spider dériva également de la F430 et fut présentée à Genève en 2005.

A Spider version was also derived from the F430 and it was presented at Geneva in 2005.

Une boîte de vitesse manuelle était disponible mais n'était pas facile à manier sans le système électro-hydraulique dérivé de la Formule 1 qui nécessitait à peine 100 millièmes de secondes pour changer de vitesse.

L'année suivante, la non moins fascinante F430 fut présentée au Salon de l'automobile de Genève : elle pesait 70 kg de plus et était un dixième de seconde plus lente de 0 à 100, mais c'était un petit prix à payer pour ressentir l'indescriptible sensation du vent dans les cheveux à des vitesses de cette férocité.

La « petite » huit cylindres était désormais le noyau autour duquel tournaient toutes les ventes de Ferrari. Mais avec la 430 Scuderia, elle devint également la voiture la plus rapide de la famille.

A manual gearbox was still available, but it was not easy to do without the F1-derived electro-hydraulic system that required just 100 thousandths of a second to change gear.

The following year the equally fascinating F430 Spider was presented at the Geneva Motor Show: it weighed an extra 70 Kg and was one-tenth of a second slower over 0 to 100, but this was just a small price to pay for the indescribable sensation of wind flowing through ones hair at such extreme speeds.

The 'small' eight-cylinder engine was now the hub around which all Ferrari sales revolved. But with the 430 Scuderia it also became the fastest car in the family.

La 430 Scuderia atteignait des niveaux de performance impressionnants, avec des temps au tour enregistrés à Fiorano qui se rapprochaient de ceux de l'Enzo.

The 430 Scuderia sported impressive performance levels, with lap times recorded at Fiorano that were not far off the Enzo's.

Ce n'était pas l'incroyable vitesse de 315 km/h qui retenait toute l'attention, car la 599 sortie à la même époque, pouvait aller 15 km/h plus vite ; c'était la maniabilité qui était quasiment identique à celle d'une voiture de compétition et permettait à la Scuderia de réaliser des temps à peine supérieurs à ceux de l'Enzo sur le circuit d'essai de Fiorano. On avait fait appel à Michael Schumacher en personne pour mettre la voiture au point à Nurburgring et réussir ce genre de performances, mais l'incroyable travail des ingénieurs de Ferrari était tout aussi important : le V8 4,3 litres développait une puissance de 510 ch à 8500 t/min, transmise aux roues via une transmission F1 Superfast 2, désormais capable de changer de vitesse en 60 millisecondes. 3,6 secondes seulement étaient nécessaires pour avaler le 0 à 100 km/h. Le système Manettino avait aussi été perfectionné, tout comme le pack aérodynamique, et les pots d'échappement avaient été déplacés sur les côtés de la plaque d'immatriculation pour faire de la place au grand diffuseur à six fentes.

It wasn't the amazing top speed of 315 Km/h that attracted all the attention, because the contemporary 599 could go 15 Km/h faster; the handling was almost identical to a competition car, and helped the Scuderia to lap the Fiorano test-track in times that were just a shade slower than the more powerful Enzo. Michael Schumacher himself had been called in to develop the car at the Nurburgring to help achieve this sort of performance, but just as important was the incredible amount of work put in by Ferrari engineers: the 4.3 litre V8 engine produced 510 bhp of power at 8,500 rpm, transmitted to the wheels through the F1 Superfast 2 transmission, now capable of changing gear in 60 milliseconds. Just 3.6 seconds were now required to reach 100 from a standing start. The Manettino system had also been perfected, as well as the aerodynamics package, and the exhausts had been moved to the sides of the number-plate to make way for a large six-slot diffuser.

La F430 Spider (EN HAUT À GAUCHE), Schumacher sur le podium de Magny-Cours en 2006 (EN HAUT À DROITE) et un événement unique, le Ferrari Challenge (EN BAS).

The F430 Spider (TOP LEFT), Schumacher on the podium at Magny-Cours in 2006 (TOP RIGHT) and a one-make Ferrari Challenge event (BOTTOM).

# 599

## TRADITION ET INNOVATION

Tradition and innovation

Le jour du lancement de la 599 GTB Fiorano, Luca Cordero di Montezemolo la décrivit comme la « plus belle Ferrari de tous les temps ». Pour une entreprise qui avait construit des voitures du calibre de la 250 GT California, de la 365 GTB4 Daytona ou de la F40, c'était une affirmation d'une portée considérable de la part du président ; quoi qu'il en soit, au beau milieu de tous ces joyaux de l'histoire de l'automobile, la dernière création du cheval cabré ne faisait pas mauvaise figure, loin de là. C'était grâce à Pininfarina qui, en basant le style de la voiture sur des caractéristiques et des proportions qui avaient rendues certaines Ferrari immortelles, réussit à créer une berlinetta GT fascinante et moderne. C'était en somme le produit phare de la marque en matière de technologie.

La 599 GTB, modèle haut de gamme de Ferrari en 2006,
portait le nom du circuit d'essai de Fiorano.

The 599 GTB, Ferrari's top-of-the-range model in 2006,
was named after the Fiorano test-track.

On the day of the launch of the 599 GTB Fiorano, Luca Cordero di Montezemolo described it as the 'most beautiful Ferrari of all time'. For a company that had produced cars of the calibre of the 250 GT California, the 365 GTB4 Daytona or the F40, this was quite a sweeping statement from the company's chairman; in any case, in the midst of such jewels of automobile history, the latest Prancing Horse creation did not cut a bad figure at all. This was thanks to Pininfarina, who by basing the car's style on the features and the proportions that had made certain Ferraris immortal, succeeded in creating a fascinating and modern GT berlinetta, which became the brand's technological flagship. The car was presented at the 2006 Geneva Motor Show; it was Schumacher's final year in Ferrari and then he would hand over to Kimi Raikkonen. Many of the features of the 599, such as the Superfast gearbox and electronic traction control, were derived from Formula 1.

La voiture fut présentée au Salon de l'automobile de Genève de 2006 ; c'était la dernière année de Schumacher chez Ferrari, il passerait ensuite le flambeau à Kimi Raikkonen. De nombreux éléments de la 599, comme la boîte de vitesses Superfast et la commande de traction électronique, dérivaient de la Formule 1. Tous ces trucs technologiques étaient nécessaires pour apprivoiser les 620 chevaux du V12 six litres, qui était basé sur le moteur de l'Enzo. La voiture possédait une transmission traditionnelle manuelle à six rapports, mais une version F1 Superfast était également disponible. Le châssis en aluminium était produit par Alcoa, tandis que l'habitacle était le summum du confort et du luxe. Cette véritable berlinetta GT avait une vitesse maximale de 330 km/h et abattait le 0 à 100 km/h en 3,7 secondes.

Une version HGTE sortit en 2009. Les initiales signifiaient Handling Gran Turismo Evoluzione : une configuration modifiée et une boîte de vitesses perfectionnée amélioraient la tenue de route de la voiture. On se rapprochait doucement de la 599 GTO, présentée au printemps 2010.

All these technological gizmos were required to tame the 620 bhp from the six-litre V12 engine, which was based on the Enzo unit. The car had a traditional six-speed manual transmission, but the F1 Superfast version was also available. The aluminium chassis was produced by Alcoa, while the cockpit was the height of comfort and luxury. This true GT berlinetta had a top speed of 330 Km/h and went from 0-100 in 3.7 seconds.

An HGTE version came out in 2009, with the letters standing for Handling Gran Turismo Evoluzione: a modified set-up and upgraded gearbox further improved the car's road-holding performance. This was just one step closer towards the 599 GTO, introduced in the spring of 2010.

La 599 GTB Fiorano était propulsée par un moteur V12 avant 6 litres qui développait 620 chevaux.

The 599 GTB Fiorano was powered by a six-litre, 620 hp, front-mounted V12 engine.

Une fois encore, la dénomination n'était pas facile à porter et toute comparaison avec la 250 GTO de 1962 déconcertait les puristes. Ces doutes s'envolèrent dès que la voiture toucha le bitume, ou mieux encore la piste : le V12 développait 670 chevaux, la carrosserie pesait 100 kg de moins (1495 kg) et la voiture était équipée de tous les dispositifs électroniques de conduite dernier cri, sans oublier un pack aérodynamique et une suspension avant-gardistes. Elle avalait le 0 à 100 km/h en seulement 3,35 secondes et la vitesse maximale de plus de 335 km/h était accompagnée d'une étiquette tout aussi tonitruante : 320 000 euros.

Once again the type name had a lot to live up to and any comparison with the legendary 250 GTO of 1962 confounded the purists. These feelings all but disappeared once the car took to the road, or better still, the track: the V12 engine had 670 bhp, for a body weight of 100 Kg less (it now stood at 1,495 Kg) and it was equipped with all the latest driving control electronics, as well as an avant-garde aerodynamics and suspension package. Just 3.35 seconds were required to power the car to 100 Km/h from a standing start, and the top speed of more than 335 Km/h came with a similarly exorbitant price tag: 320,000 Euro.

En 2010 la SA Aperta fit son entrée. Elle était dédiée à Sergio et Andrea Pininfarina.

The year 2010 saw the debut of the SA Aperta, dedicated to Sergio and Andrea Pininfarina.

Les voitures de rêve de Ferrari s'enchaînent à l'infini
et la petite dernière est l'exceptionnelle P540 SA Aperta,
basée sur la 599 GTB Fiorano. C'est un roadster.
La découpe du toit a été obtenue sans nuire au style.
Seuls 80 exemplaires seront construits et vendus au
tarif de 400 000 euros. Les initiales SA de cette supercar
spéciale sont dédiées à Sergio et Andrea Pininfarina.

But Ferrari dream-cars go on and on and the latest
arrival on the scene is the one-off P540 SA Aperta.
The car is a roadster, but the cutting of the roof has
been achieved without ruining its style. Just 80
of these cars will be built and sold at a list price
of 400,000 Euro, while the SA type name of this special
project supercar is dedicated to Sergio and Andrea
Pininfarina.

les voitures de rêve de **Ferrari** s'enchnent à l'infini et la petite dernière est la SA APERTA

*Ferrari dream-cars go on and the lastest arrival on the scene is the SA APERTA*

# CALIFORNIA

## LE RÊVE

The dream

La nouvelle voiture de sport grand touring 2+2 lancée en 2008 fut simplement baptisée California, évoquant une fois de plus un modèle légendaire du passé.

Elle venait s'inscrire dans le segment de plus en plus populaire des C+C (coupé-cabrio), et représentait une avancée décisive pour Ferrari. Pour la première fois de tous les temps, elle était équipée d'un moteur V8 en position centrale avant, accouplé à une nouvelle transmission à double embrayage à sept rapports avec palettes. Douce en mode automatique, elle devenait profondément agressive lorsqu'on utilisait la pédale de l'accélérateur et le levier de vitesse pour lâcher les 460 chevaux.

The new 2+2 grand touring sportscar that was launched in 2008 was simply called California, again evoking a legendary Ferrari model of the past.

It forms part of the increasingly popular C+C segment (coupé-convertible), and was a true breakthrough for Ferrari. For the first time ever it was equipped with a front/mid mounted V8 engine, mated to a new 7-speed dual clutch transmission. This was smooth in automatic mode but utterly aggressive when the accelerator pedal was used, together with the paddle gear shift, for the 460 bhp on tap.

Ferrari
*California*

Un V8 fut monté à l'avant pour la première fois sur la California.

A V8 engine was front-mounted for the first time ever on the California.

Le moteur était un nouveau V8 de 4,3 litres à injection directe, conçu pour offrir des performances à la hauteur de la marque apposée sur le capot et pour garantir confort, fiabilité et économie ; économie pour la Ferrari en fait, puisqu'avec une vitesse maximale de 310 km/h et une accélération de 0 à 100 km/h en moins de 4 secondes, difficile d'espérer une quelconque économie de carburant…

Le style de la voiture était inédit, tout droit sorti de la plume de Pininfarina en collaboration avec le designer interne Donato Coco. Ce qui resta inchangé en revanche, c'est la fascination pour une voiture de sport GT décapotable signée Ferrari.

The engine was a new 4.3 litre V8 unit with direct injection, designed to offer performance worthy of the brand-name it bore on the bonnet and to guarantee driving comfort, reliability and economy; for a Ferrari that is, because with a top speed of 310 Km/h and a 0-100 time of less than 4 seconds, one cannot expect economy car fuel consumption…

The car's styling was also all-new, coming from the pen of Pininfarina in collaboration with internal designer Donato Coco. What remained unchanged however was the fascination of an open-top Ferrari GT sportscar.

Les hautes performances de la California ne compromettaient en rien le confort et la fiabilité de la voiture.

The California's high performance in no way compromises its comfort and reliability.

# 458 ITALIA

## LE NEC-PLUS-ULTRA

State of the Art

Tandis que la F430 peut être considérée à juste titre comme une évolution radicale de la 360 Modena, dès le début, il était clair que la 458 Italia, présentée en 2009 au Salon de l'automobile de Francfort, était une voiture inédite, un aperçu du futur.

À l'extérieur, les lignes et l'aérodynamique étaient épurées mais agressives, caractérisées par une imposante grille frontale et des phares assez particuliers, et une fois encore elles étaient l'œuvre de Pininfarina. Le style allait de pair avec la recherche aérodynamique et la voiture possédait des lames déformables à l'avant du capot qui s'abaissaient à grande vitesse, ainsi qu'un extracteur arrière massif. La valeur de Cx en soufflerie de 0,33 était obtenue en dépit d'une poussée verticale vers le sol de 140 kg à 200 km/h et 360 kg à la vitesse maximale.

While the F430 can quite rightly be considered to be a radical evolution of the 360 Modena, from the very start it was clear that the 458 Italia, presented in 2009 at the Frankfurt Motor Show, was a totally new car that was a foretaste of the future.

The car's exterior styling and aerodynamics were smooth but aggressive, characterized by a large front grille and unusual front headlights, once again the work of Pininfarina. But style went hand-in-hand with aerodynamic research, and the car also featured deformable winglets at the front that lowered at high speed, as well as a large rear extractor. A wind tunnel Cx value of 0.33 was obtained despite a downforce of 140 Kg at 200 Km/h and 360 Kg at top speed.

Le design de la 458 Italia était révolutionnaire, tout comme son moteur V8 inédit de 570 chevaux.

The design of the 458 Italia was revolutionary, and so was the new 570 hp V8 engine.

L'intérieur de la voiture était révolutionnaire : toutes les commandes, même secondaires comme les indicateurs de bord et les essuie-glace, étaient regroupées sur le volant, comme dans une Formule 1. Un grand compteur de tours sur fond jaune dominait le tableau de bord, avec deux affichages multifonctions à droite et à gauche. Le conducteur pouvait ainsi visualiser tout type d'informations, y compris l'indicateur de vitesse, la radio et le VDA (Vehicle Dynamic Assistant), censé « aider » le conducteur en lui fournissant des informations sur l'état et la température du moteur, des freins et des pneus.

Mais tout cela n'était que la partie visible de l'iceberg. La caisse pesait à peine 1380 kg et était dotée d'une suspension avant à double triangle et multi-bras à l'arrière, avec des amortisseurs adaptatifs à fluide magnéto-rhéologique contrôlés à partir du volant.

Les commandes étaient de plus en plus nombreuses
sur le volant de la 458 Italia, tout comme sur celui des F1.

A number of controls can be found
on the steering-wheel of the 458 Italia, as on the F1 cars.

The car's interior was also revolutionary: all the controls, even the secondary ones for indicators and wipers, were grouped together on the steering-wheel, as on a Formula 1 car. A large rev counter on a yellow background dominated the instrument display, with two multi-function displays left and right. Here the driver can see all kinds of information, including speedometer, radio and VDA (Vehicle Dynamic Assistant), which provides data, including speedometer, radio and VDA (Vehicle Dynamic Assistant), which 'helps' the driver by providing him with data on the state and the temperature of the engine, brakes and tyres.

What is visible with this car however is just the tip of the iceberg. The body weighs just 1,380 Kg and it is fitted with double wishbones at the front and a multilink set-up at the rear, with adaptive magneto-rheological dampers controlled from the steering-wheel.

Les freins en carbone céramique de série permettaient à la 458 un arrêt de 100 km/h à 0 en seulement 32,5 mètres. La nouvelle boîte à double embrayage à sept rapports était couplée au différentiel E-Diff et à la commande de traction F1-Trac, gérés par une seule ECU et contrôlés grâce au Manettino traditionnel du volant.

Le nouveau moteur V8 à injection directe de 4499 cm$^3$, exposé à l'arrière sous une vitre en plexiglas, développait 570 chevaux de puissance à 9000 t/min (127 chevaux au litre, un record pour un moteur de voiture routière à aspiration naturelle), dont 80 % était disponible à 3250 t/min. Tous ces chiffres donnaient une vitesse maximale de 325 km/h et une accélération de 0 à 100 km/h en 3,4 secondes, mais semblaient bien dérisoires comparés au plaisir que seule la conduite peut procurer.

Bon nombre des innovations de la 458 Italia seront présentes sur les Ferrari du futur, mais le premier pas a été fait. C'est le futur de Ferrari, tandis que le passé s'étend sur plus de soixante années de technologie, d'automobiles, d'hommes, de courses, de rêves. Une légende.

Carbon Ceramic brakes are standard fitment and they bring the 458 to a halt from 100 Km/h to zero in just 32.5 metres. The new seven-speed dual-clutch transmission is coupled with E-Diff and F1-Trac traction control systems, managed by a single ECU and can be controlled with the traditional Manettino on the steering-wheel.

The new 4,499 cc direct injection V8 engine, which can be seen through the plexiglas rear screen, pushes out 570 bhp of power at 9,000 rpm (127 bhp/litre, a record for a naturally-aspirated roadcar engine). It has a torque value of 540 Nm at 6,000 rpm, 80% of which is available at 3,250 rpm. All these numbers produce a top speed of 325 Km/h and a 0-100 sprint time of 3.4 seconds. But this all pales in comparison with the driving pleasure that only sitting behind the wheel can give.

Many of the 458 Italia's innovations will feature in the Ferrari models of the future, but the first step there has already been taken. This is Ferrari's future, while the past includes more than 60 years of technology, automobiles, men, races, dreams. A legend.

La soufflerie sophistiquée et futuriste de Ferrari, conçue par Renzo Piano en 1997.

The sophisticated and futuristic Ferrari wind-tunnel, designed by Renzo Piano in 1997.

# LORENZO ARDIZIO

Journaliste et historien de l'automobile, est originaire de Vercelli. Il travaille pour le département de l'histoire de l'automobile d'Alfa Romeo et prodigue ses conseils à plusieurs constructeurs automobiles en tant que pilote de démonstration et entraîneur.
Il écrit actuellement pour de nombreuses publications, italiennes et internationales.
Il a récemment publié *Alfa Romeo Sporting Heart* et *Porsche. Excellence on the road and on the track*.

Comes from Vercelli and is a car journalist and historian. He works for Alfa Romeo's Historic Car sector and provides consultancy as a demonstration driver and trainer for several car manufacturers.
He currently writes for numerous magazines, both Italian and international.
He has recently published *Alfa Romeo Sporting Heart* and *Porsche. Excellence on the road and on the track*.